Sante Ambrosi

Quale vita oltre la vita

Sante Ambrosi

Quale vita oltre la vita

Appunti per riflettere sulla vita dell'aldilà

Edizioni Sant'Antonio

Imprint

Cover image: www.ingimage.com

Publisher:
Edizioni Accademiche Italiane
is a trademark of
Dodo Books Indian Ocean Ltd. and OmniScriptum S.R.L publishing group

120 High Road, East Finchley, London, N2 9ED, United Kingdom
Str. Armeneasca 28/1, office 1, Chisinau MD-2012, Republic of Moldova, Europe
Managing Directors: Ieva Konstantinova, Victoria Ursu
info@omniscriptum.com

Printed at: see last page
ISBN: 978-3-639-60643-0

QUALE VITA OLTRE LA VITA

APPUNTI PER RIFLETTERE SULLA VITA DELL'ALDILA'

Indice generale

INTRODUZIONE: IL DIFFICILE LINGUAGGIO DELL'ALDILA'

Parlare della vita dell'aldilà, di quello che sarà e di come sarà di ogni uomo alla fine di questa esistenza che tutti conosciamo, può sembrare un esercizio intellettuale inutile e fuorviante, perché ci siamo facilmente convinti che ciò che conta è il nostro presente. La cultura ha completamente rimosso il desiderio di conoscere ciò che verrà al di là della nostra esistenza. E qui si potrebbe aprire un'ampia panoramica sui temi sia della filosofia, sia della letteratura odierna. Eppure nella cultura antica se ne parlava apertamente .Anzi il tema della vita d'oltre tomba trova un'attenzione tutta particolare Pensiamo a tutte le opere classiche, dalle grandi opere di Omero, su fino al più vicino a noi Virgilio con la sua Eneide. Se ne parlava perché questi grandi autori volevano rispondere a quel profondo desiderio universale e molto radicato in quelle culture che è quello di sapere se c'era un oltre la nostra esistenza e come poteva essere immaginata. Si tentava di penetrare in quella zona oscura del nostro della nostra esistenza. E quello che appare evidente in tutte le grandi opere dei classici è una visione tremendamente triste dell'aldilà, dove la vita è dominata dal rimpianto dell'esistenza passata e da una sussistenza senza senso. Proprio per questa visione l'uomo greco e latino vive la fine della vita come qualcosa di profondamente angosciante, al punto che la società di quell'epoca deve elaborare tecniche di sostentamento del lutto e inventa le più svariate usanze rivolte ai cari estinti, come se avessero ancora bisogno di conforto o di aiuto. In pratica tutto concorreva a rendere più accettabile la scomparsa del congiunto. Come sappiamo il culto dei morti nasce nell'uomo in coincidenza con la sua coscienza di essere umano. Gli studiosi dei popoli primitivi sono concordi nel ribadire che là dove e quando si riscontrano anche dei minimi segni del culto dei morti abbiamo la dimostrazione della presenza dell'uomo. In Italia il pensiero dei primitivi ha avuto un forte impulso per ulteriori approfondimenti con la famosa opera di Remo cantoni pubblicata nel lontano 1963 con il titolo: “ Il Pensiero dei primitivi”. Non è nostro compito qui richiamare i contenuti molto interessante di quest’opera. Molto più interessante per noi sarebbe ripercorrere gli usi e costumi di popoli più vicini a noi e che hanno avuto ripercussioni significative nella nostra cultura, come Gli Etruschi e gli Egiziani.

Certamente in questi popoli si manifesta con maggiore evidenza l’idea e il desiderio di una sopravvivenza oltre la vita. Ma come sia questa sopravvivenza le interpretazioni si manifestano in vari modi. Soprattutto nella cultura egiziana fin da tempi remoti si afferma l’idea della reincarnazione, idea che al di là di tutto quello che possiamo pensare e interpretare dimostra una cosa certa: l’uomo non si rassegna alla morte e neppure all’idea di una vita tenebrosa.

Ma torniamo al mondo greco latino, o meglio alla cultura mediterranea, madre della nostra cultura per ribadire ancora un dato importante, non sempre chiarito : La cultura greca non possiede una visione serena della morte, come alcuni aspetti dell’arte antica potrebbe esprimere. E’ stato il romanticismo, anzi il primo romanticismo, che ha voluto vedere nella cultura greca e in modo specifico nella sua arte una visione serena della vita compresa la morte. E su questo tema hanno elaborato delle ragioni filosofiche profonde sul rapporto naturale dell’uomo greco con tutta la natura, serenamente accettata nel suo manifestarsi. Una serenità solare che l’uomo greco antico, secondo tale corrente filosofica, possedeva per un suo rapporto particolare con la natura che lo addestrava anche alla sofferenza più dura e alla consapevolezza del proprio limite temporale.

Ma le cose non stanno veramente in questi termini. Anche se questa lettura ha avuto nel romanticismo il suo fascino dobbiamo dire che anche nel mondo della classicità greca la morte è stata da sempre pensata come una profonda sconfitta e la si è vissuta o in modo drammatico o quanto meno con una profonda e angosciante tristezza. Pensiamo alle stesse tragedie dei grandi poeti come Eschilo , Sofocle Euripide, ma potremmo citare non solo le grandi opere di Omero, ma anche la poesia lirica. Nella poesia di una Saffo o di un Archiloco, grandi poeti lirici che cantano la gioia della vita danno spazio anche al senso della tristezza che nasce dalla consapevolezza della fine della stessa vita e soprattutto di una felicità mai raggiunta. Anche se la convinzione unanime è che la vita continui anche dopo la morte, per tutti essa non è percepita come vera vita, ma semplicemente come ombra e in questa permanenza gli individui vivono o nel rimpianto o nell'attesa che qualche dio li faccia ritornare nell'esistenza temporale .Non c'è, dunque, una visione serena della morte nella cultura dell'antica Grecia.

A fugare ogni incertezza ci ha pensato il grande antropologo Ernesto De Martino che ha analizzato con acutezza il dramma che l'uomo greco, (ma non solo), esperimentava con la perdita di un congiunto. Resta ancora interessante la sua opera" Morte e pianto rituale nel mondo antico". In quest'opera si analizza la crisi esistenziale che la morte produce nella famiglia e le tecniche che la società ha dovuto inventare per rielaborare il lutto perché non degenerasse in una profonda crisi esistenziale. Secondo De Martino l'avvento del Cristianesimo ha portato una luce del tutto nuova.

I° LE SOLUZIONI DELLA FILOSOFIA ANTICA

LA POSIZIONE DELLA FILOSOFIA DI PLATONE

Che la situazione fosse vissuta in questi termini drammatici lo sta a dimostrare anche lo sforzo operato dalla filosofia , la grande filosofia, che non si è sentita esonerata dall'affrontare il tema per dare delle risposte valide e che la cultura in genere non offriva.

Partendo dall'insegnamento di Socrate, Platone non si è limitato a studiare la filosofia della vita umana in tutti i suoi aspetti naturali, tante cose che il filosofo ha descritto nella sua prima navigazione , come lui stesso dice, quella, cioè ,che si realizza con facilità perché spinta dal vento favorevole in quanto analizza elementi verificabili con gli strumenti della stessa ragione. Ma le cose più importanti della vita sono al di fuori e oltre quella realtà che si riesce a cogliere in questa prima navigazione. E allora la nostra navicella della conoscenza procede senza il vento favorevole. Ma l'uomo non è del tutto privo di sufficienti energie per procedere con forze che non vengono dall'esterno. Occorre puntare su alcune forze che giacciono nel profondo di ogni uomo, come la memoria dell'anima, o dai contributi che sono offerti dai racconti mitologici, anch'essi, in fondo, depositati nella memoria collettiva.

Il pensiero di Platone è complesso e affascinante, che non possiamo assolutamente pretendere qui di richiamare neppure per sommi capi(ci sono per questo opere infinite che lo approfondiscono da tutti i punti di vista).

Ci limitiamo a sintetizzare alcuni punti sul tema che ci interessa. Utilizzando intuizioni di cui è fornita la natura umana, ma soprattutto i miti che sono un patrimonio universale giunge ad alcune verità fondamentali, che possiamo così riassumere:

a) L'anima è immortale e la sua origine viene dal mondo delle idee o Iperuranio, precipitata nel corpo umano per realizzare un percorso di purificazione.
b) Dopo la morte l'anima torna o nell'Iperuranio nel mondo delle idee felice oppure se non ha meritato precipita nel Tartaro infernale nella totale infelicità.

c) Dopo mille anni o di felicità o di dannazione le anime sono chiamate a tornare nell'esistenza. Platone utilizza l'idea della reincarnazione, pescata da varie correnti filosofiche o religiose presenti nell'area mediterranea, che non ci interessa qui richiamare.

Con questi tre elementi di alta filosofia e antropologia, Platone offriva una risposta a tutte le aspettative dell'uomo del suo tempo.

Il fascino di questa filosofia è stata nell'antichità molto importante, fascino che attraversò i secoli futuri per giungere anche nostri giorni Possiamo dire che non poche correnti di impostazione mistica anche all'interno dello steso cristianesimo si sono nutrite della filosofia platonica.

L'altro grande filosofo, discepolo dello stesso Platone, Aristotele, imposta il suo pensiero e la sua filosofia in termini profondamente diversi, ma possiamo dire che su alcuni punti non nega le verità fondamentali di Platone. In lui c'è per esempio l'affermazione della immortalità dell'anima e, questo non era di poco conto per offrire un supporto molto prezioso per confermare in maniera completamente diversa la validità dell'idea che esiste un aldilà credibile, anche se molte cose ancora incerte perché la filosofia si inoltrava con questi temi oltre le sue capacità.

Col pensiero di due filosofi di questa portata si poteva pensare che il *tema* **dell'aldilà potesse aver un supporto tale da fugare l'angoscia che regnava nell'uomo antico.** Invece non fu così, almeno a livello generale. E' vero che la filosofia di Platone influenzò non poco numerosi filoni culturali che ebbero un certo successo nell'ambiente mediterraneo. Tanto è vero che troviamo filoni culturali che si rifanno a Platone con interpretazioni sempre nuove, dal neoplatonismo e al plotinismo e ad altre scuole più o meno affini. E poi con l'arrivo del cristianesimo, il pensiero di Platone conobbe un terreno molto fertile.

Tuttavia a livello pratico nell'esperienza del comune sentire della gente il problema della morte e della incertezza della vita futura dopo la morte restava nel dubbio più totale. Gli studi di antropologia, come quello che abbiamo sopra ricordato di De Martino, lo stanno a confermare. E potremmo aprire un lungo discorso su questi preziosi contributi. Quello che ci interessa è quello di sapere perché una filosofia così suggestiva come quella di Platone non orientò più di tanto a livello popolare l'animo degli uomini? Forse il motivo sta nel fatto che una bella filosofia anche ben costruita resta una nicchia troppo ristretta. Ma forse anche perché la filosofia quando entra su terreni di altra natura rispetto alla realtà naturale non sempre riesce convincente.

LE GRANDI FILOSOFIE NON CONVINCONO

Elaborazioni molto interessanti quelle di Platone ed anche quelle di Aristotele, ma sul problema centrale del futuro della vita e il senso della morte di tutti i mortali non avevano convinto. Restavano ancora tremendamente vive le domande alle quali avevano cercato di offrire risposte convincenti. Ma non era solo questione di risposte che non convincevano, c'era l'animo dell'uomo sempre sconvolto dalla mancanza di un senso che le filosofie non avevano offerto. Bisognava cercare su strade diverse dalle grandi costruzioni finora elaborate. Su questo terreno si fanno strada due grandi correnti filosofiche che vale la pena di ricordare, e, cioè, l'Epicureismo e lo Stoicismo.

Queste due correnti filosofiche si propongono di rifondare la filosofia in modo che sia capace di intercettare le grandi aspirazioni dell'uomo in un contesto sociale e culturale completamente nuovo rispetto a quello contemporaneo a Platone e Aristotele. I temi affrontati sono molteplici e l'approccio tutto nuovo. Ma è soprattutto il tema della morte, e, di conseguenza, quello dell'aldilà che queste nuove filosofie si propongono di affrontare. E' il segno che le grandi filosofie non soddisfacevano pienamente. Proviamo di dire in poche parole la posizione di ciascuna delle due semplificando il più possibile.

EPICUREISMO

Epicuro vive nell'epoca di Alessandro Magno, che ha assoggettato prima la Grecia antica e poi il grande mondo orientale, determinando un mutamento profondo della società in genere e di quella delle antiche città stato in particolare, compresa Atene. Anche questo nuovo stato di cose contribuisce non poco ad acuire le problematiche esistenziali già presenti nella cultura della città stato, alle quali la grande filosofia non aveva offerto risposte soddisfacenti.

Epicuro vuole rifondare la filosofia abbandonando le grandi speculazioni astratte, almeno secondo lui, per concentrarsi su una visione che fosse in grado di offrire punti concreti per orientarsi nella ricerca della felicità umanamente possibile. Di lui purtroppo abbiamo conservato pochi scritti autentici, ma abbiamo la fortuna di avere l'opera di Lucrezio, la " De rerum Natura". Non ci interessano qui gli elementi portanti della sua filosofia e fisica, ma piuttosto ci interessa lo scopo fondamentale della sua acuta rielaborazione, che è quello di portare una luce che rasserení gli animi degli uomini sui temi centrali dell'esistenza umana, tra cui il più importante che è quello della morte. Lucrezio, seguendo gli insegnamenti del suo maestro, punta dritto su questo tema per dimostrare che la morte non deve far paura per due motivi principali: Prima di tutto perché essa non esiste nel vero senso della realtà, in quanto non c'è nessun io che muore, ma solo una decomposizione dei vari atomi di cui e con cui è composto il nostro corpo e la stessa anima. In secondo luogo perché la fine della nostra vita non deve essere pensata come un incontro con un qualche dio che ci possa giudicare e condannare. In tutta la sua opera, che è presentata come un poema epico sulla scia dei poemi omerici, torna continuamente la lode al grande Epicuro, pensato come il vero liberatore dei mortali dall'angoscia della morte presentata e descritta come la madre di tutte le varie forme di angoscia. Non entriamo nei particolari delle sue teorie, ma non possiamo trascurare la domanda principale: riesce convincente o è riuscita convincente ai suoi tempi questa filosofia? Ci sono tanti motivi per dire che no, l'epicureismo non ha avuto successo né ai tempi del suo propagatore, come Lucrezio, né in altri periodi nel corso dei secoli, anche se qua e là ha trovato dei simpatizzanti per i diversi motivi che qui non ci interessa ripercorrere.

STOICISMO

Anche questa corrente filosofica voleva intervenire sui problemi lasciati aperti dalle grandi filosofie e si collocava sullo stesso terreno dell'Epicureismo per quanto riguardava le questioni pratiche ed esistenziali. Lo Stoicismo non voleva, però, porsi come una nuova filosofia in contrasto con i grandi filosofi come Platone ed Aristotele, ma come un pensiero che voleva portare qualche elemento utile per superare quei punti oscuri lasciati aperti e che avevano bisogno di essere risolti. Da un certo punto di vista lo Stoicismo condivideva le critiche dell'Epicureismo, ma non le soluzioni.

Lo Stoicismo, a differenza dell'Epicureismo, parla dell'origine del mondo e degli esseri tutti come espressione di un Logos impersonale, ma razionale. Tutto è razionalità e tutto deve conformarsi con questa razionalità da cui tutto proviene. Ciò non significa che ogni cosa sia espressione concreta di ordine e armonia. Nella realtà non sempre la razionalità riesce ad imporsi in modo evidente nelle cose, ma nel suo insieme il mondo giace su questo fondo razionale da cui riceve impulso , ordine e fine. L'esistenza di ogni cosa esprime tale razionalità e la sua esistenza ha lo scopo di manifestare una provvidenza nascosta, ma reale .

Più complesso il discorso per l'uomo, perché, se è vero che anche lui condivide un tale ordine, è anche vero che in lui c'è la libertà che lo rende facilmente vulnerabile nell'inserimento in questo ordine. In lui coesistono forze contrastanti che facilmente lo portano nel disordine morale in contraddizione con il suo fondamento razionale. Proprio per questo Seneca, il massimo rappresentante dello Stoicismo nella Roma degli imperatori del primo secolo dopo Cristo, dedicherà gran parte del suo sforzo intellettuale per gettare le basi di quella educazione secondo le regole dello stesso Stoicismo ripensato in termini concreti e che avranno un grande influsso nel pensiero dell'Occidente cristiano. Ma non addentriamoci nelle tematiche molto sottili del pensiero dello Stoicismo non perché siano distrazioni intellettuali inutili, ma solo perché ci interessa di capire se questa filosofia poteva portare un po' di serenità sulla questione della morte; o se essa restava , come diceva Lucrezio, un macino che determinava e opprimeva tutta la vita dell'uomo. Anche per lo Stoicismo l'uomo non doveva temere la morte perché il morire di ogni ente era pensato come un ritorno a quel Logos, origine e matrice di ogni vivente. Ma ritornare nel fiume del Logos voleva anche scomparire come individualità, e qui per Seneca dell'ultimo periodo diventava un problema in quanto trovava difficile giustificare e fondare su basi solide i principi morali che aveva tanto discusso .Secondo la filosofia stoica tutto veniva dal Logos e tutto doveva confluire nel Logos. Innanzi tutto l'ente di ogni singolo essere, ma anche tutto il cosmo esistente era segnato da un tempo che tutto doveva racchiudere. Anche il cosmo, dunque, secondo la teoria stoica

dovrà finire in un tuffo nell'Essere originante per riprendere un nuovo corso della storia cosmica. Alla fine di questa rapida sintesi si ripropone naturalmente la domanda da cui siamo partiti: Ha soddisfatto e soddisfa la filosofia della Stoicismo? Possiamo dire che a livello di qualche nicchia di pensatori forse poteva soddisfare, ma non certo a livello generale. Anche perché della vita dell'aldilà, che aveva impegnato il filosofo Platone, non restava più nulla da dire all'interno di una filosofia che non contemplava un'esistenza individuale oltre la morte. Un problema, questo, che si era presentato nell'ultimo periodo della vita di Seneca, senza aver una risposta convincente.
A questo punto sarebbe molto interessante aprire un discorso con le altre grandi religioni, come Buddismo, Induismo perché sono note e interessanti le loro posizioni sui temi della vita dopo la morte e le loro posizioni sul concetto della reincarnazione, ma non possiamo dilungarci su orizzonti troppo impegnativi e alquanto lontani dal nostro mondo culturale per essere compresi adeguatamente ed essere in grado di offrire indicazioni non superficiali. Dovrebbero essere trattati in modo dettagliato entrando nel loro mondo culturale per essere compresi adeguatamente.

II° IL PENSIERO CRISTIANO

COSA HA VERAMENTE DETTO GESU'

Dopo la breve panoramica delle posizioni più note del pensiero della cultura greca latina e lasciando sullo sfondo tante altre posizioni di religioni e culture che hanno preteso di dire parole interessanti sul tema dell'aldilà e che sarebbe molto interessante averle interpellate, ma che per il nostro intento rischierebbero di allargare troppo il discorso, ci preme più da vicino vedere esattamente i contenuti del messaggio di Cristo.

Sul tema specifico Gesù interviene solo in pochissime occasioni. La sua preoccupazione è annunciare la venuta del regno di dio, l'adesione alla volontà del Padre, la conversione dei cuori. E soprattutto l'annuncio della sua risurrezione come inizio del nuovo tempo, il Kairos veniente. Certamente nei contenuti del suo messaggio, che non sono solo quelli che abbiamo richiamato sopra, ma tutto il complesso contenuto non solo nell'annuncio riportato dai Vangeli, ma nella sua ultima testimonianza con la morte e la risurrezione,

dice molto sul nuovo che con lui ha avuto inizio, ma su come dobbiamo pensare l'aldilà alla luce della sua risurrezione ci sono soltanto frammenti illuminanti e non molto di più. Uno in particolare che vogliamo qui ricordare e che ci sembra particolarmente illuminante. Si tratta del dialogo tra Gesù e Marta sorella di Lazzaro, ricordato da Giovanni evangelista al capitolo 11. Vale la pena che ci soffermiamo un po' sul contenuto principale presente in questo capitolo. Seguendo la sistemazione di Giovanni, sappiamo che il capitolo precedente termina con un duro scontro, non il primo naturalmente, con i Giudei, al punto che è costretto a fuggire lontano per . E così " ritornò oltre il Giordano dove Giovanni aveva prima battezzato. In questo luogo è raggiunto dalla notizia che Lazzaro è malato. E' interessante notare che Gesù prima parla della malattia vista come annuncio della Gloria di Dio. Poi anche la morte di Lazzaro è letta come sonno, per cui gli apostoli presenti obbiettano che non è il caso di muoversi per tornare in Giudea, dato il pericolo per l'incolumità di Gesù. Ma tutto quello che Gesù vuole dire è una realtà completamente nuova. Egli vuole annunciare ai suoi che con i la venuta del Regno annunciato e che si realizzerà con la sua morte e risurrezione anche la morte è cambiata La stessa morte non è più un morire dominato dall'angoscia e dalla tristezza. I discepoli non capiscono quando egli parla di morte come semplice dormire. Ma non sono solo i discepoli a non comprendere il messaggio di Gesù, ma le stesse sorelle di Lazzaro, che egli conosceva e amava, come dice il vangelo. Il dialogo continua, infatti, prima con Marta e poi con Maria. Gesù è arrivato presso il sepolcro dove giace il corpo di Lazzaro e mentre si avvicina arriva la sorella Marta con la quale si intreccia questo breve dialogo:" Signore, se tu fossi stato qui, mio fratello non sarebbe morto. Ma anche ora so che quante cose tu chiederai a Dio, Dio te le darà". Le dice Gesù: " Tuo fratello risusciterà". Gli dice Marta:" So che risusciterà nella risurrezione dell'ultimo giorno". Gesù le disse:" Io sono la risurrezione e la vita, chi crede in me , anche se morto, vivrà, e chi vive e crede in me non morrà in eterno. Credi tu questo?" Dice a lui:" Sì, Signore, io ho creduto che tu sei il Cristo, il Figlio di Dio che viene nel mondo"(GV 11,21-27)

In questo breve dialogo è contenuto il nucleo dell'insegnamento di Gesù: partecipare alla vita di Gesù e credere in lui non significa garantirsi un futuro alla fine del tempo e della storia, ma entrare da subito in quella nuova realtà che avrà inizio definitivamente dalla risurrezione di Gesù. Siamo di fronte al tema della rinascita annunciata a Nicodemo e già presente nel prologo dello stesso vangelo di Giovanni.

Ma questo nucleo di verità avrà bisogno di essere approfondito dopo la Pasqua dalle comunità cristiane. Il compito spetterà soprattutto al grande protagonista anche su questo tema quale sarà san Paolo.

Data l'importanza di questo apostolo , e prima di addentrarci sulle sue posizioni a riguardo la Parusia, ci fermiamo per tracciare rapidamente la sua personalità e i suoi più noti contributi alla comunità primitiva.

IL CONTRIBUTO DI SAN PAOLO

L'importanza di Paolo è fuori discussione. Per molti critici non si tratta solo di un'importanza veramente straordinaria di questo apostolo, ma di un pensiero teologico che ha avuto il sopravvento nell'interpretazione del messaggio di Cristo al punto che il cristianesimo , secondo una certa critica, porta l'impronta praticamente esclusiva di Paolo. Il problema è arduo e riguarda soprattutto l'esegesi. Però, pur senza la pretesa di entrare in una discussione troppo raffinata, possiamo dire e forse dobbiamo dire, che nel leggere buona parte dei contenuti di Paolo ci sono degli equivoci che molto facilmente sono la causa di facili fraintendimenti. Questo anche e forse soprattutto sul tema che verremo a trattare, cioè il suo concetto della Parusia . C'è bisogno di fermarci un poco per chiarire un corretta lettura dei testi di Paolo

COME LEGGERE SAN PAOLO

Certamente San Paolo è una delle figure che più hanno orientato la storia del cristianesimo e della cultura in genere. Affrontarlo è un dovere per capire qualcosa, non tutto, certamente, della complessità dello stesso vangelo di Cristo, perché non bastano i vangeli anche se questi sono il fondamento che ci offre i tratti più significativi della figura di Cristo. Ci sono delle cose che solo San Paolo con la sua esperienza di fariseo prima e di credente dopo la sua conversione, è in grado di suggerirci.

Il problema è molto complesso perché non sempre è facile distinguere nelle sue lettere il contenuto originario del suo vangelo da quanto è strettamente espressione della sua ideologia e della sua cultura, elementi che restano alla base dei suoi molteplici ragionamenti. Vanno pure tenute sempre presente, leggendo le sue epistole, le concrete e contingenti ragioni che hanno mosso l'Apostolo a scriverle, ovvero le necessità concrete delle comunità, che vanno dalle questioni di dottrina e di interpretazione del messaggio di Cristo, a problemi di ordine morale e di comportamento che devono essere risolte. Paolo, in quanto fondatore delle comunità alle quali scrive, si sente responsabile del loro cammino nella fede, e quindi si preoccupa, pur nella lontananza fisica, di rispondere e guidare i suoi figli in Cristo, perché non si smarriscano. Va sempre dunque tenuto presente che le sue Lettere non sono trattati di teologia, ma gli elementi teologici che in esse troviamo sono sempre concretamente finalizzati alla pastorale, alla vita di fede. Distinguere, e tenere sempre presente le finalità di Paolo, non è facile, ma dobbiamo sforzarci di tentare, anche in modo approssimativo, quale è il nostro , per non prendere alla lettera tutto quanto troviamo scritto nelle sue lettere. Infatti chi legge le Epistole dell'Apostolo si trova frequentemente di fronte a certe espressioni che sembrano troppo difficili da inquadrare nel messaggio evangelico di Cristo, quale è presentato in tutti e quattro i Vangeli, pur nella loro profonda diversità. Molti studiosi hanno affermato che un certo rigorismo morale di San Paolo è contrario allo spirito del Cristo che troviamo nei Vangeli. Addirittura c'è chi afferma che Paolo rappresenterebbe un tradimento dello spirito di Cristo perché da lui e con lui si sarebbe imposto un cristianesimo dottrinario e moralista che progressivamente si sarebbe sempre più imposto sul sentire comune delle chiese, al punto di offuscare il vangelo di Gesù quale troviamo nei vangeli.

Non si può poi dimenticare che da certe interpretazioni delle lettere di San Paolo sono nate correnti definite eretiche dalla Chiesa cattolica, come il luteranesimo, per citare solo la più evidente e pienamente attuale. Dunque sono tanti i motivi per convincerci che San Paolo non può essere liquidato in modo sbrigativo. Il problema semmai è quello di impostare una analisi che non si arrampichi su discussioni troppo astratte, ma che si sforzi di semplificare al massimo anche certe questioni che a prima vista sembrano troppo astratte e lontane dalla nostra cultura. Insomma, per leggere e capire Paolo, non dobbiamo cercare di fare altro che metterci il più possibile dal suo punto di vista, e per farlo è necessario conoscere il più possibile l'uomo Paolo, la sua coltura, i suoi interessi, e le sue motivazioni profonde. Ciò rende possibile compiere un'operazione fondamentale per la fede in ogni epoca e luogo: cogliere e assimilare il messaggio e la persona di Cristo purificandola dalle contingenze storiche passeggere e secondarie, ovvero tenere l' essenziale, abbandonando il superfluo, cercando quindi di seguire l'insegnamento di Papa Giovanni XXIII, che nel discorso inaugurale dei lavori del Concilio Vaticano II, *Gaudet mater ecclesiale*, afferma la necessità di dire nuovamente il deposito di verità di fede in modo aggiornato per i tempi presenti.

Questo atteggiamento di metodo è in ultima analisi rispettoso delle stesse intenzioni di Paolo, che erano manifestamente quelle di trasmettere ciò che anche lui aveva ricevuto, Il Vangelo di Gesù Cristo. Proprio per questo è importante concretizzare questo nostro approccio all'Apostolo Paolo per non dare l'impressione di tradire i contenuti dell'apostolo Paolo.

Ritorniamo alla domanda da cui partiamo e che possiamo formulare così: San Paolo va preso tutto alla lettera o dobbiamo individuare una profonda demarcazione tra ciò che è la sua indiscutibile novità, che, comunque, va riconosciuta non solo utile, ma assolutamente necessaria per comprendere lo stesso messaggio di Cristo, e gli elementi più strettamente legati a quella particolare cultura di Paolo, cultura che, peraltro, gli offre il concreto accesso alla comprensione del messaggio cristiano e di Cristo stesso su un terreno culturale estremamente fecondo. I due piani vanno tenuti distinti, per quanto è possibile, per evitare che si produca un corto circuito nel leggere i suoi testi. Se non si tiene presente questa distinzione si corre il rischio di prendere per rivelato ciò che non è e non può essere basandosi su un'interpretazione letterale dei contenuti delle lettere di Paolo. Questo metodo ci permette di evitare pericolosi errori di interpretazione che non riescono a cogliere la vera e autentica novità di Paolo separata da quei contenuti legati alla sua formazione culturale e religiosa. Paolo resta sempre un autentico figlio della cultura greco-latina e un vero e convinto fariseo, anche dopo la sua conversione.

Potremo fare molti esempi per chiarire questo nostro punto di vista. Prendiamo solo alcune affermazioni di Paolo circa la struttura sociale. Nella lettera prima A Timoteo scrive ad un certo punto:" Tutti quelli che sono sotto il giogo come schiavi, considerino i loro padroni degni di ogni rispetto, perché il nome di Dio e la dottrina non siano bestemmiati. Quelli poi che hanno dei padroni credenti, non li trattino con disprezzo per il fatto che sono dei fratelli, ma li servano ancor meglio, proprio perché sono credenti e diletti quelli che ricevono i loro servizi"(1Tm,6,1-2)

Come si vede, se volessimo prendere alla lettera queste affermazioni dovremmo dire che Paolo condivide il sistema sociale che riconosce e giustifica la schiavitù. Ecco qui un esempio che ci invita a non prendere come verità rivelata ciò che, invece, per Paolo è solo l'accettazione di un sistema sul quale non si sente di offrire un giudizio definitivo , ma che accetta solo per necessità per un tempo destinato a durare molto poco, almeno secondo le sue previsioni, anche queste non certo definitive ,come potremo vedere. Infatti, possiamo dire che Paolo accetta il sistema sociale anche perché la sua proposta si presenta come altra rispetto a questa cultura segnata dalla fine con l'avvento di Cristo e dal suo prossimo e imminente ritorno.

La distinzione che abbiamo precisato con questo esempio dovrebbe allargarsi abbracciando anche i temi etici abbondantemente presenti nelle lettere di Paolo Pensiamo alle sue prese di posizioni tremendamente dure contro i suoi nemici per i quali molto spesso invoca il giudizio di Dio. Anche qui più che l'annuncio del vangelo di Gesù si nasconde la sua cultura apertamente farisaica. Questo per dire che Paolo resta in molte delle sue applicazioni morali convintamente fariseo. Ma questo non mina il valore autentico del suo messaggio. Niente di male. Il compito nostro diventa fondamentale e richiede un minimo di conoscenza sia della formazione culturale di Paolo, sia di quella sua formazione religiosa e contemporaneamente dei problemi che si presentavano nelle sue comunità e di alcuni importanti contenuti delle questioni dibattute con i cristiani di stampo ebraico.

In conclusione diciamo che non è facile operare le giuste distinzioni tra il patrimonio culturale e ideologico di Paolo, comunque sempre prezioso, e le sue grandi intuizioni, che devono essere considerate il vero patrimonio rivelato da ascoltare e interpretare. Certo non si deve pretendere su ogni questione o tema ci sia uno studio rigoroso dal punto di vista esegetico, ma almeno alcune indicazioni e puntualizzazioni concrete. Questo sì, e che è quello che ci accingiamo di fare in questa premessa prima di affrontare il tema che vogliamo che ci sia proposti.

LE FONTI DEL PENSIERO DI PAOLO

Per ogni lavoro di ricerca che voglia essere "scientifico" sotto il profilo storico, il primo passo da compiere è quello di rifarsi alle fonti e averne un quadro il più possibile completo. Nell'interpretare la figura è necessario avere ben chiaro il quadro di una sana e oggettiva interpretazione del suo pensiero. Proprio per questo ci sembra utile suggerire alcune indicazioni che ci aiutino a comprendere il dato rivelato del pensiero di Paolo.

di San Paolo abbiamo una grande fortuna perché possediamo fonti del tutto autentiche: da una parte le sue lettere e dall'altra gli Atti degli Apostoli. Il biblista Barbaglio nell'introduzione alla pubblicazione delle lettere di San Paolo così scrive:

"Paolo è la figura più chiara, o la meno oscura, se si vuole, del panorama delle origini cristiane, non escluso lo stesso Gesù. Di fatto sono nelle nostre mani un ricco epistolario paolino e l'opera di un suo biografo distante solo un ventennio o poco più (mi riferisco agli Atti degli Apostoli): sono le più antiche e preziose fonti di documentazione". (o.c. p.7)

Secondo tutti gli esegeti c'è uniformità nell'attribuire almeno sette lettere certamente autentiche rispetto a quelle a lui attribuite. Non vogliamo entrare in un discorso che non è di nostra competenza, ma possiamo dire che ci bastano queste sette per avere un quadro abbastanza completo del suo pensiero. Le lettere certamente autentiche sono: 1 Ai Tessalonicesi, 1-2 Ai Corinzi, Ai Galati, Ai Filippesi, Ai Romani, A Fiilemone.

Le altre, che sono definite non autentiche, non si intende che siano al di fuori di un profondo legame con la missione e la catechesi di Paolo, ma che probabilmente non sono state scritte sotto la sua dettatura. Sono fonti veramente interessanti, in modo particolare le sette che sono in modo indiscutibile attribuite a Paolo ma dobbiamo precisare una cosa molto importante: dalle lettere anche da quelle certamente di Paolo non possiamo ricavare una visione completa del suo pensiero, perché esse non sono dei trattati di teologia, anche se la teologia c'entra. Sono lettere che nascono da motivazioni particolari, da problemi concreti e che vogliamo chiarire, argomentare ed approfondire. I problemi talora sono di ordine teologico altre volte di carattere morale o pratico.

Inoltre dobbiamo tener presente che Paolo affronta i temi proposti con il fervore di un polemista che non nasconde il suo carattere e la sua formazione. Ancora una volta siamo chiamati a decifrare leggendo in modo traversale il contenuto vero del suo messaggio.

Altro discorso dobbiamo fare per gli Atti degli Apostoli. Come sappiamo quest'opera è stata scritta con un preciso intento: mostrare che tutta la missione di Paolo coincide con la visione del Cristo dei Quattro Vangeli. L'autore è lo stesso del terzo Vangelo, ossia San Luca e ci fermiamo qui, perché non vogliamo entrare in problemi che non riguardano il discorso che ci siamo prefissati. Nella ricostruzione dei temi che affronteremo sarà molto fruttuosa un'attenta correlazione tra le affermazioni che troviamo nelle lettere di Paolo e quanto troviamo negli Atti. Un confronto che ci aiuterà a capire meglio certi nodi dei problemi che affronteremo.

Sempre Barbaglio ci offre questa interessante osservazione utile per capire le intenzioni dell'autore degli Atti:

"... il Paolo degli Atti degli Apostoli appare abbastanza diverso dal Paolo delle sue lettere. In particolare è stato rilevato uno strano scambio delle parti tra i due protagonisti dell'opera a proposito della legge mosaica e della libertà dei gentili. Pietro vi assume le vesti di un polemista e Paolo tradisce un incondizionato attaccamento alle tradizioni giudaiche. In realtà , l'autore - Luca, fedele seguace di Paolo secondo la tradizione cristiana - si è curato di presentarlo in perfetta sintonia con gli Apostoli di Gerusalemme" (o.c. p.9)

Su questo avremo modo di ritornarci. In conclusione possiamo dire che gli Atti degli Apostoli sono un'opera molto preziosa per confrontare la loro ricostruzione con le affermazioni delle lettere dello stesso Paolo. Per ora ci limitiamo a dire che purtroppo la stessa ricostruzione delle vicende di Paolo contenuta negli Atti manca del capitolo finale che dovrebbe essere la fine tragica dell'Apostolo.

CARATTERE E PERSONALITA' DI PAOLO

Le origini dell'Apostolo sono molto chiare. Sia Luca negli Atti che Paolo stesso nelle sue Epistole, ci inforna a riguardo. Riportiamo quindi due testimonianze, una di Paolo e una lucana. Sono sufficienti per darci un quadro significativo sul tema. Partiamo dal passo degli Atti. Le affermazioni che stiamo per leggere sono messe da Luca in bocca dello stesso Paolo:

"Io sono un giudeo, nato a Tarso di Cilicia, ma cresciuto in questa città (Gerusalemme), ammaestrato ai piedi di Gamaliele secondo la rigidità della legge paterna, pieno di zelo per Dio, come tutti voi siete oggi, da fariseo sono vissuto in linea con la più rigida setta della nostra religione." (Atti, 22,3).

Diamo uno sguardo a Tarso, città natale di Paolo. È importante sottolineare che questa città allora era un fiorente centro urbano che ha conosciuto scuole greche di notevole importanza. Posta su un luogo strategico, dopo la conquista di Pompeo divenne metropoli della provincia romana di Cilicia e sede del proconsole romano (nel 51-52 a.C. vi risiedette come proconsole Cicerone). Da ricordare che la sua importanza e fama sono legate soprattutto alla celebre scuola stoica locale. E questo ci basti per capire l'importanza di questa città sul piano culturale. La filosofia dello Stoicismo ai tempi di Paolo era molto fiorente in tutta la Grecia e nella capitale dell'impero, a Roma.

Secondo quanto sappiamo Paolo o Saulo, doppio nome in uso in tutti i suoi scritti, nasce in questa città, ricca di cultura e qui, dunque, ebbe la possibilità di una formazione culturale e linguistica che viene attestata e dalla sua conoscenza dei temi filosofici (come possiamo riscontrare nel suo discorso presso i filosofi di Atene), sia la padronanza della lingua greca (la così detta *koinè*, ovvero il greco comunemente utilizzato per comunicare nell'Impero e la lettura e studio della Scrittura nella versione greca dei Settanta.

La sua formazione viene confermata anche dal fatto che Paolo possiede la cittadinanza romana fin dalla nascita, cittadinanza che probabilmente era già in possesso del padre e forse dello stesso nonno. Ciò dimostra che la sua famiglia doveva essere di un certo rango, però di fede ebraica. Proprio per questo continuerà la sua formazione religiosa a Gerusalemme, come lui stesso attesta. Ancora un commento di Barbaglio:

"In breve, Paolo poteva vantare tre specifiche appartenenze: al giudaismo dal punto di vista religioso, per la lingua delle sue lettere all'ellenismo, politicamente all'impero romano. Tre patrie, però, diversamente incisive: determinante la tradizione culturale e religiosa ebraica, importante l'integrazione culturale nel mondo ellenistico, di aiuto alla sua azione missionaria l'assetto politico-amministrativo dell'impero romano, di cui era cittadino. Insomma un cosmopolita." (Barbaglio, o.c. p.13)

Ecco l'altra testimonianza tratta dalla Lettera ai Galati, da dove emerge con estrema chiarezza tutto il fervore religioso del giovane fariseo Paolo, all'inizio acerrimo persecutore di quella nuova e pericolosa setta dei seguaci di Gesù il Nazareno.

"Avete infatti sentito parlare del mio coinvolgimento giudaico di un tempo: oltre ogni misura perseguitavo la chiesa di Dio cercando di distruggerla, e progredivo nel giudaismo più di molti coetanei del mio popolo, più di loro zelante per le tradizioni dei miei padri. "(Gal1,13-14)

In sintesi Paolo era un vero e convinto fariseo, che voleva difendere la sua appartenenza ad un popolo eletto da Dio.

Accanto a queste annotazioni fondamentali del personaggio, accenniamo ad alcune altre note solo di sfuggita: Paolo non vive di cultura o di benefici ereditati, ma del suo lavoro artigianale e pare che non fosse sposato.

Ma quale genere di uomo era questo tessitore e cittadino romano, colto, preparatissimo sotto il profilo religioso, fariseo convinto ed estremamente fervoroso e osservante della legge dei Padri? È importante cercare di farci un'idea della sua personalità, per comprendere meglio non solo l'uomo ma anche i toni con i quali il vangelo di Cristo viene annunciato per suo tramite, toni che strettamente hanno a che fare con la sua personalità più che con i contenuti evangelici in quanto tali. A questo proposito dobbiamo non solo cercare di essere dei buoni storici ma pure dei buoni interpreti. Infatti per avvicinare un contenuto dobbiamo considerare che esso viene sempre trasmesso da un soggetto umano caratterizzato da tendenze specifiche, inclinazioni, desideri e complessità. E Quel genio che indubbiamente era Palo, certamente va considerato per quello che era, ovvero uomo come estremamente complesso. È dunque utile farci un'idea del suo carattere. Esso emerge dalle sue Epistole, più che dagli Atti. Senza entrare troppo nel merito dei documenti, è possibile delineare un abbozzo di ritratto, o di identikit della personalità dell'Apostolo.

Innanzi tutto egli aveva un carattere che la psicologia definisce attivo, ovvero spinto all'azione, all'intervento sulla realtà, più che orientato all'attesa e alla contemplazione. In sostanza Paolo, forse contrariamente all'immagine consueta che si ha di lui, era assai più impegnato nella concreta prassi, a "sporcarsi le mani", che a riflettere e speculare. Dicendo questo non si mette minimamente in dubbio la sua potenza speculativa, né tanto meno l'importanza della preghiera nella sua vita. Sotto questo profilo L'Apostolo incarna perfettamente il modello del suo Maestro, Gesù Cristo, il quale agiva costantemente e senza posa, trovando però la forza e l'orientamento del proprio fare nella preghiera, nel rapporto coli Padre. Così Paolo agisce cercando l'energia e l'ispirazione nel dialogo con Il suo Signore. La componente attiva del carattere di Paolo si vede innanzitutto dalla sua intraprendenza, la quale emerge, per esempio, da questo suggestivo passo della 1 Corinzi:

"Io dunque *corro,* ma non come chi è senza meta; faccio il *pugilato,* ma non come chi batte l'aria, anzi *tratto duramente il mio corpo e lo trascino in schiavitù* perché non succeda che dopo aver predicato agli altri, venga io stesso squalificato." (1 Cor 9,26-27)

Egli è poi un coraggioso, che non si arresta e non retrocede di fronte ai pericoli della sua missione, davanti alle concrete minacce di fatica, rifiuto, violenza o morte. Così scrive nella 2 Corinzi, scagliandosi contro quelli che definirà falsi apostoli, per motivi che vedremo in seguito, e i quali lo accusano a loro volta di non essere lui autentico apostolo (non avendo vissuto con Gesù durante la sua vicenda storica, a differenza dei dodici):

"Sono ministri di Cristo? Sto per dire una pazzia, io lo sono più di loro; molto più nelle fatiche, molto di più nelle prigionie, infinitamente di più nelle percosse, spesso in pericolo di morte. Cinque volte dai giudei ho ricevuto i trentanove colpi, tre volte sono stato battuto con le verghe, una volta sono stato lapidato, tre volte ho fatto naufragio, ho trascorso un giorno e una notte in balia delle onde. Viaggi innumerevoli, pericoli di fiumi, pericoli di briganti, pericoli dai miei connazionali, pericoli dai pagani, pericoli nelle città, pericoli nel deserto, pericoli sul mare, pericoli da parte di falsi fratelli: fatica e travaglio, veglie senza numero, fame e sete, frequenti digiuni, freddo e nudità. E oltre tutto questo il mio assillo quotidiano, la preoccupazione per tutte le Chiese. (2Cor,11,16-26)

Questo passo potente si commenta da sé: Paolo non è stato uomo che si sia tirato indietro di fronte alle avversità.

Un'altra componente interessante del suo carattere è la sua accesa affettività. Egli è un passionale, un emotivo. In diversi modi dimostra questo lato della sua personalità. Per esempio, e in modo particolare, nei confronti delle sue comunità, quelle nate dalla sua attività missionaria. Egli si sente spinto nei confronti di tali comunità da un sentimento ad un tempo paterno e materno. Esse sono per lui come sue figlie nello spirito, quali frutti dell'azione di Cristo in lui. Per questo si sente primo responsabile del loro percorso di fede, come un genitore dell'educazione, della crescita e della maturazione della sua prole. Allo stesso tempo l'Apostolo spesso sottolinea la dimensione fraterna del suo rapporto con le chiese e con gli altri cristiani. Egli utilizza spessissimo il termine fratelli per indicare le relazioni che sussistono tra lui e gli altri fedeli in Cristo, e di questi tra di loro. Anzi spesso auspica che il sentimento di fraternità venga sempre più intensificato e coltivato.

Ultima caratterizzazione su cui è utile soffermarsi è la sua esuberanza e impulsività. Paolo non ha certo un carattere morbido o facile da trattare. Spesso lo troviamo mosso dalla passione del momento, da grande veemenza e a volte anche da autentica ira, intesa però, per lo più, come fuoco che arde per il compimento della missione affidatagli dal Risorto. Questa componente del suo carattere non gli fa risparmiare azioni e parole anche molto dure nei confronti di chi non agisce in conformità a tale missione, o che ne mette in pericolo gli esiti. Primi fra tutti i falsi apostoli di cui si è detto prima.

LA SUA CONVERSIONE AL CRISTIANESIMO

Paolo, come lui stesso ribadisce in più occasioni, era appartenente della setta dei Farisei, molto nota e potente ai tempi di Gesù e della Chiesa primitiva, educato alla scuola di Gamaliele.

Possiamo fare a questo punto una breve parentesi per precisare il quadro dei gruppi o fazioni influenti nel panorama della religione ebraica al tempo di Gesù e di Paolo. C'era innanzitutto il gruppo dei Leviti da cui provenivano i sacerdoti che avevano il compito di offrire i sacrifici nel tempio e che comunque conservavano molta influenza sul popolo anche nella conservazione delle tradizioni e nell'interpretazione delle leggi. Nel Deuteronomio(Dt31,9) troviamo che Dio affidò la legge a Mosè, il quale prima di morire la consegnò ai sacerdoti e agli anziani(laici eminenti). Come precisa lo stesso Flavio Giuseppe, che scrive poco dopo le vicende storiche della vita di Cristo, i sacerdoti erano considerati i capi naturali della nazione, dovevano spiegare la costituzione giudaica ed avevano il compito di una supervisione generale delle varie interpretazioni dalla quale ne scaturiva il diritto di emettere sentenze e punizioni.

L'altra fazione molto importante al tempo di Gesù e di Paolo è quella dei Farisei. Questa fazione era nata nell'ultimo periodo prima dell'occupazione romana(Circa un centinaio di anni prima). Era nata per affiancare il compito della fazione dei Sacerdoti, per una più rigorosa interpretazione della legge soprattutto sul piano pratico. A differenza dell'altro gruppo ben presente ai tempi di Gesù, quale fu quello dei Sadducei, credevano in una vita oltre la morte e cominciano parlare di risurrezione dei corpi alla fine della storia, ecc..

Paolo apparteneva a questo gruppo, e, quindi non era sacerdote, come lo era Giuseppe Flavio di cui abbiamo detto sopra.

Tanto era il suo fervore da spingerlo ad agire concretamente contro i primi cristiani, andando in missione per conto dei suoi superiori alla ricerca di questi, per catturarli e metterli in prigione. Per una missione di questo genere Paolo si trova con i suoi compagni sulla via per Damasco, perché là si sa della presenza di un gruppo di seguaci di Gesù di Nazareth. Ma durante questo viaggio avviene un profondo cambiamento in Paolo. Cosa è veramente successo al persecutore? Cosa lo ha scosso a tal punto da fargli cambiare radicalmente prospettiva, da scuoterlo nel suo intimo in modo fondamentale e traumatico? Ascoltiamo due testimonianze: la prima quella riportata dagli Atti degli Apostoli, e poi un brano della sua 1 Cor. Ecco una delle testimonianze presente negli Atti:

"Quanto a Paolo, ancora esalando minacce di strage contro i discepoli di Gesù, si presentò al sommo sacerdote e gli domandò autorizzazione scritta all'indirizzo delle comunità di Damasco allo scopo di arrestare e tradurre a Gerusalemme tutti quanti, uomini e donne, gli aderenti alla nostra religione. Durante il viaggio avvenne che nelle vicinanze di Damasco, un fulgore improvviso gli balenò intorno dal cielo. Stramazzato a terra, sentì una voce che gli diceva: Saulo, Saulo, perché mi perseguiti? Egli disse:" Chi sei, Signore?". E la voce:" Sono il Gesù che tu perseguiti. Ma tu alzati ed entra in città e io ti farò dire quel che devi fare". I compagni di viaggio, sentendo parlare e non vedendo nessuno, erano senza parola. Saulo, comunque, si alzò, ma per quanto aprisse gli occhi, non distingueva nulla; perciò, per introdurlo in Damasco, lo presero per mano. Ed egli per tre giorni restò incapace di vedere e totalmente digiuno." (Atti, 9,1-9)

Nel capitolo 15 della sua prima epistola alla comunità di Corinto, riassumendo i contenuti del vangelo fondato su Cristo morto e risorto, richiama le apparizioni di Gesù ai vari apostoli così:

"Cristo morì per i nostri peccati secondo le scritture, venne sepolto e fu risuscitato il terzo giorno secondo le scritture, apparve a Cefa , quindi ai dodici. In seguito apparve a più di cinquecento fratelli in una sola volta; di essi i più restano in vita fino ad ora, mentre alcuni si sono addormentati nella morte. Poi apparve a Giacomo, quindi agli Apostoli tutti. Ultimo assoluto, come a un feto abortito, apparve anche a me. Sono infatti l'infimo degli Apostoli, io indegno di essere chiamato apostolo, perché ho perseguitato la chiesa di Dio. Per grazia di Dio però sono quel che sono, e la sua grazia a me data non è stata vana; al contrario, ho faticato più di tutti loro: non io, bensì la grazia di Dio, quella operante in me. In conclusione, sia io che loro, così annunciamo e così avete creduto." (1Cor15,1-11)

Soffermiamoci su queste due dichiarazioni. Sono richiami concisi che lasciano da parte ogni tentativo di drammatizzazione dell'evento. Ci penserà la pittura a colorare tale evento con particolari che in queste descrizioni non troviamo. Si veda, per esempio, il quadro del Caravaggio che si conserva nella chiesa di santa Maria del Popolo a Roma, dove possiamo vedere che Paolo viene sbalzato dal cavallo, ecc.. I racconti non si dilungano in particolari del genere. Eppure il fatto deve essere stato di fondamentale importanza se una persona come Paolo cambia così radicalmente. Gli interpreti continuano a discutere sulla natura di tale evento: fu una visione mistica? Una suggestione? Fu vera conversione al cristianesimo?

Sta di fatto che Paolo da nemico di Gesù diventa il formidabile difensore, ma soprattutto uno che riesce ad andare oltre le interpretazioni che il credente giudaico aveva fin lì avuto di questa figura affascinante e controversa. Intanto sottolineiamo un fatto importante: Paolo ha l'esperienza del Cristo risorto che lo pone allo stesso livello degli altri Apostoli, e che lui stesso rivendica per sé sulla base dell'esperienza di Damasco. Si sentirà peccatore per il suo passato, ma la sua chiamata è fondata sullo stesso Cristo che nei giorni della risurrezione apparve agli altri Apostoli. Nessuna diversità rispetto a loro. E questo sarà un punto continuamente ribadito. La sua missione nasce dall'esperienza del Cristo risorto, tanto è vero che non andrà subito a verificare la verità dei contenuti della sua nuova fede a Gerusalemme, non sentirà neppure il bisogno di verificare l'esperienza di Cristo con i veri testimoni. Poi ci andrà, anche per tanti motivi pratici che sorgeranno lungo il cammino della sua missione.

MISSIONE E VIAGGI DI PAOLO

Non ci vogliamo soffermare più di tanto su questo aspetto, ma almeno teniamo presente il quadro generale della missione che parte dalla conversione. Paolo è subito orientato a raggiungere le nuove frontiere per incontrarsi con quel mondo dal quale egli stesso proviene: il mondo dei gentili. Abbiamo preparato un quadro generale che vi mostriamo per avere in mente le linee generali del suo percorso itinerante e alquanto movimentato.

Se vogliamo anche nei Vangeli troviamo delle aperture al mondo pagano, ma sono frammentarie e che potevano essere pensate come aperture che non dovevano mettere in discussione la primazia del mondo ebraico. Anche l'esperienza di santo Stefano lo afferma apertamente, ma come vedremo i fedeli della comunità di Gerusalemme continuavano a frequentare il tempio.

Solo Paolo capì l'originalità del messaggio cristiano e proprio per questo egli si mette subito in viaggio verso quelle comunità ebraiche che si trovavano immerse nel mondo pagano e da lì dare inizio a quel nuovo modo di pensare la vita del cristianesimo. Prima l'incontro con quelle comunità ebraiche e dopo anche al formarsi di nuove comunità del tutto fuori della storia dell'ebraismo. Quindi, come viene testimoniato dagli Atti degli Apostoli, prima si rivolge agli ebrei e poi ai pagani. In realtà, sottolinea Barbaglio nel libro citato:

> ... ebbe sempre coscienza chiara di essere stato mandato agli incirconcisi, lui l'apostolo dei pagani come si definisce apertamente...

Sta di fatto che Paolo è il vero inventore di una teologia capace di aprirsi con solide basi dottrinarie all'universo mondo dei non credenti. Il problema che si poneva alla chiesa nascente era questo: la salvezza era destinata a tutti ma si doveva accettare anche l'appartenenza al popolo ebraico, oppure questa appartenenza poteva essere superata con la sincera adesione a Cristo? La posta in gioco era veramente radicale e carica di rischi.

III° L'ORIGINE DEL CONFLITTO NELLA LETTERA AI GALATI

I CONFLITTI CON LE COMUNITA DI MATRICE EBRAICA

Dicevamo che la posta in gioco era molto alta per le comunità cristiane dell'origine, anche perché Gesù aveva lasciato la sua esperienza e il suo esempio di dono totale per la salvezza di tutti, ma i termini teologici restavano tutti da capire. E' senz'altro Paolo quello che comprende la portata del tema, proprio perché venendo dal rigorismo ebraico della setta dei Farisei, ha potuto cogliere la profonda novità del messaggio di Cristo. Eppure le sue tesi faticarono non poco ad entrare nel patrimonio della fede cristiana. Vale la pena cogliere tale percorso leggendo gli stessi Atti degli Apostoli. Come abbiamo già ribadito gli Atti degli Apostoli sono stati scritti come una specie di Apologia della missione di Paolo. Infatti seguendo la rielaborazione dei fatti vediamo che dopo la conversione di Paolo, si dà molto risalto alle difficoltà che incontra Paolo a Damasco da parte dei Giudei che non accettano una conversione così imbarazzante per loro, a tal punto che deve fuggire di nascosto e partire per Gerusalemme, dove incontrerà Cefa. Ma gli stessi atti aprono un capitolo interessante che riguarda Pietro con le famose visioni che gli preannunciano l'apertura verso tutti i pagani e il colloquio con Cornelio e la giustificazione che lo stesso offre ai cristiani di Gerusalemme. E' evidente lì intenzione dell'autore: Pietro è sulla linea di Paolo, anche se poi le cose non saranno così lineari, come vedremo. Questo capitolo ha una spiegazione evidente, quella di dimostrare che lo stesso Pietro era completamente consapevole della conversione che la chiesa doveva compiere. Dopo questo capitolo la narrazione riprende con le persecuzioni che riprendono sempre più violenti, che, però, costringono la chiesa a intraprendere nuove strade e su questo Paolo diventerà protagonista indiscusso nella narrazione degli Atti. Cominciano i lunghi e fruttuosi viaggi: Da Antiochia alla Galazia fino alle terre della Grecia.

Ma le difficoltà di accettare l'impostazione che Paolo andava costruendo nelle comunità da lui fondate e non solo diventano sempre più acute. Al punto che si sente la necessità di una profonda verifica da parte di tutti gli Apostoli. Si concretizza così il primo Concilio della chiesa, quello che troviamo nel capitolo 15 degli Atti. Esso sancisce quella apertura che paolo, ma anche Pietro, andava predicando. Tutto risolto? Non proprio, perché ad Antiochia, dopo il Concilio si trovano e paolo e Pietro, e quest'ultimo, probabilmente influenzato da quei cristiani più tradizionali sembra non aver assimilato le conclusioni del Concilio di Gerusalemme, al punto che lo stesso paolo lo deve rimproverare. Questo episodio non viene riportato dall'autore degli Atti, ma sarà lo stesso Paolo a ricordarlo nella sua lettera che ora ci accingiamo a leggere, la Lettera ai Galati

LA LETTERA AI GALATI

Non erano pochi quelli che pur abbracciando la fede in Cristo per la loro provenienza dal giudaismo non erano convinti della linea di Paolo, anzi lo osteggiarono a più riprese. Erano convinti che pur aderendo alla comunità dei cristiani, era necessario essere fedeli alla grande tradizione dei padri, quindi si doveva mantenere la pratica della circoncisione. L'ostilità si presentò un po' ovunque, ma soprattutto nella chiesa della Galazia ,ma anche in quella di Corinto e di Filippi. Quello che era successo in Galazia è, però, estremamente significativo, che vale la pena si studiare attentamente la situazione.

PAOLO IN GALAZIA

Prima di entrare nei temi posti dalla lettera vediamo chi erano gli abitanti della Galazia. Dobbiamo dire che al di fuori di questa lettera non possediamo se non pochissime notizie. Certamente la stessa lettera comprova in modo indiscutibile la loro esistenza . Gli Atti degli Apostoli d'altra parte si limitano a degli accenni molto vaghi. " Il biografo di Paolo narra come questi, dopo il concilio di Gerusalemme e accompagnato da Sila, nel viaggio che lo avrebbe portato in Europa, avesse percorso la " regione della Galazia".(Barbaglio) Sempre dagli Atti siamo informati che Paolo di ritorno da Corinto rivisitò tutte le comunità sparse nella regione della Frigia e della Galazia.

Interessante sapere l'origine e la natura etnica di questa popolazione. Dal punto di vista civile abbiamo delle fonti certe dalla storia del popolo romano. Sappiamo che i Romani avevano costituito una provincia denominata appunto galatica. Questa era situata al centro nord della penisola anatolica e comprendeva le città di Ancjra, l'attuale Ankara, Passinunte e Tavio.

Ma la cosa più importante è che queste popolazioni erano originarie dall'Europa centrale, probabilmente il nome deriva attraverso una deformazione dalla lingua latina dai Celti. Ma lasciamo agli studiosi le precisazioni storiche. Noi sottolineiamo il fatto che questa popolazione non aveva legami con la religione ebraica e quindi la sua etnia era completamente pagana. Questo è molto importante perché ci dice che qui Paolo si trovò a suo agio nell'impostare una comunità cristiana senza dover confrontarsi con le tradizioni che aveva e avrebbe trovato nelle altre comunità che nascevano sulla matrice ebraica. E appunto per questo il suo lavoro fu veramente fruttuoso Tutto sembrava tranquillo e Paolo aveva continuato il suo viaggio apostolico. Ma dopo il Concilio di Gerusalemme devono essere arrivati dei cristiani di matrice giudaica nella comunità della Galazia, i quali contrariamente all'insegnamento di Paolo convincono quei cristiani che per essere veramente buoni cristiani bisognava essere anche osservanti della legge di Mosè. Da cui uno sconvolgimento radicale.

Secondo una certa ricostruzione dei viaggi missionari di Paolo la comunità deve essere stata formata le 49 dopo Cristo , quindi in un primo momento dell'attività missionaria di Paolo, mentre la lettera deve essere stata scritta tra il 53-55 forse mentre era in Macedonia, ma non abbiamo certezze. Certamente la lettera è scritta dopo la Prima a Corinto e quella ai Romani, che riprenderà i temi in modo più pacato e riflessivo, cosa che vedremo in un secondo momento.

Dalla lettura della lettera appare evidente che Paolo era stato bene impressionato dall'accoglienza dei Galati. Mi avevate accolto in un momento di gravi difficoltà fisiche:" Come sapete, fu in occasione di una malattia che per la prima volta vi annunziai il vangelo...Ma non mostraste disprezzo né ribrezzo per il mio corpo malato che costituiva per voi una prova; mi accoglieste invece come un angelo inviato da Dio, come Cristo Gesù". Eppure dopo la conversione la comunità offriva a Paolo soddisfazione piena" Correvate bene" Poi all'improvviso quei Galati che non avevano conosciuto niente della tradizione giudaica si legano ad essa in modo tale che Paolo parla di tradimento, e di nuova schiavitù idolatrica. A questo punto ci conviene che sia Paolo stesso a parlare.

" Io Paolo, apostolo non per iniziativa di uomini e neppure per mediazione di alcun uomo, bensì per opera di Gesù Cristo e di Dio Padre, che lo risuscitò dal regno dei morti, e tutti i fratelli che sono con me, alle chiese della Galazia. Grazia a voi e pace da Dio, nostro Padre, e dal Signore Gesù Cristo, che diede se stesso per i nostri peccati, e per strapparci al malvagio mondo presente in conformità al volere del Dio e Padre nostro. A Lui gloria per l'eternità. Amen.

Mi stupisco che così presto voi stiate passando da Colui che vi vi ha chiamati nello stato di grazia di Cristo a un altro vangelo. Non che esista un altro vangelo, ci sono però alcuni che gettano turbamento tra voi e vogliono pervertire il vangelo di Cristo. Ma anche se noi stessi, o un angelo venuto dal cielo vi annunziasse un vangelo in contrasto con quello che noi vi abbiamo predicato, sia votato alla maledizione divina. Come vi abbiamo detto in precedenza e ora di nuovo dico, se qualcuno vi annunzia un vangelo in contrasto con quello che avete ricevuto, sia votato alla maledizione divina" (Gal. 1,1-9)

UN BREVE COMMENTO

Quanta tristezza in questo incipit di lettera e quanto rammarico nell'animo di Paolo per il fatto che alcuni, venuti certamente da quelle comunità di stampo giudaico, hanno cercato di correggere la sua impostazione teologica . Anche se a Gerusalemme c'era stato un concilio che aveva dato il via libera alla missione dello stesso Paolo.

In questa pagina viene ribadita l'autorità di Paolo, una autorità che non proviene da incontri di uomini. Come dire che la sua missione nasce dall'esperienza viva di un incontro con Cristo. Cosa ribadita anche in altre occasioni, ma che qui viene sottolineata con forza per dire che il suo vangelo viene da una rivelazione e che non solo è una versione del vangelo di Cristo ma che non può esistere un altro vangelo

Questo il messaggio principale di questo inizio. Possiamo sottolineare quella venatura di tipo farisaico che ancora permane nella sua ferma difesa quando consegna alla giustizia di Dio invocando la sua maledizione. Sottolineiamo questo particolare perché dobbiamo abituarci a distinguere in Paolo le sue intuizioni innovative e in linea con il messaggio di Cristo con certi giudizi di Dio o su Dio che sono qui come in altri passi frutto della sua precedente cultura, che comunque permane, ma che non devono essere confusi con il messaggio rivelato.

Paolo è sicuro della sua autorità:

"Vi rendo noto infatti, fratelli, che il vangelo da me predicato non è a misura di uomo; perché neanch'io l'ho ricevuto da un uomo né mi è stato insegnato. Avete infatti sentito parlare del mio comportamento giudaico di un tempo: oltre ogni misura perseguitavo la chiesa di Dio, cercando di distruggerla, e progredivo nel giudaismo più di molti coetanei del mio popolo, più di loro zelante per le tradizioni dei miei padri. Ma quando Dio, che mi aveva scelto fin dal seno di mia madre e mi aveva chiamato per la sua grazia, si compiacque di rivelarmi il suo figlio perché ne portassi il lieto annuncio tra i gentili, ecco ciò che subito feci: non consultai nessuno, né salii a Gerusalemme da quelli che erano apostoli prima di me; me ne andai invece in Arabia, poi ritornai ancora a Damasco. In seguito, dopo tre anni salii a Gerusalemme per fare visita a Cefa, trattenendomi da lui quindici giorni, ma non vidi nessun altro degli apostoli, se non Giacomo, fratello del Signore. Poi mi recai nelle regioni della Siria e della Cilicia"(Gal. 1,11-21)

COMMENTO

Notiamo in queste affermazioni come Paolo ribadisce con una convinzione senza tentennamenti che la sua autorità proviene da quell'incontro con Cristo che gli ha cambiato non solo la sua vita di credente ma che fonda la sua originalità nel pensare al messaggio cristiano. Un a argomentazione che si fonda certamente da una capacità dimostrativa che manifesta una preparazione filosofica greca da cui proviene ma anche dalla scuola ebraica di stampo filisteo. Quello che ribadisce con forza è quello di collocarsi come autorità sullo stesso piano degli altri apostoli. Di più: la sua autorità non dipende neppure da Cefa, che pure incontra e con il quale manifesta tutta la sua amicizia, come dirà in altre circostanze.

IL CONCILIO DI GERUSALEMME

"Poi, dopo quattordici anni, salii di nuovo a Gerusalemme con Barnaba, prendendo con me anche Tito. In realtà, vi salii in seguito a una rivelazione, ed esposi loro per timore di correre o di aver corso a vuoto, il vangelo che proclamo tra i gentili, però in privato ai notabili. Ma neppure Tito che era con me, benché fosse greco, fu costretto a farsi circoncidere. A causa però dei falsi fratelli, veri intrusi infiltratesi a spiare la nostra libertà che abbiamo in Cristo Gesù per farci schiavi...Neppure per un istante cedemmo alla loro pretesa di sottometterci, perché rimanesse tra noi la verità del vangelo. Ma da parte dei presunti notabili- non importa affatto chi fossero un tempo-: Dio non guarda in faccia ad alcun uomo-, a me infatti i notabili non imposero nulla. Anzi, al contrario, visto che mi era stato affidato il vangelo degli incirconcisi come a Pietro il vangelo dei circoncisi,- infatti Colui che ha operato in Pietro per l'apostolato tra i circoncisi, ha operato in me per i gentili-

e riconosciuta la grazia a me data da Dio, Giacomo, Cefa e Giovanni, ritenuti le colonne, diedero a me e a Barnaba la mano destra in segno di solidarietà, perché si andasse noi ai gentili ed essi ai circoncisi. Solo dovevamo ricordarci dei poveri, il che puntualmente mi sono premurato di fare"(Gal. 2,1-10)

COMMENTO

La descrizione e l'importanza dell'evento corrisponde a quanto è descritto negli Atti degli Apostoli al capitolo 15.

E' probabile che il motivo del mutamento dei Galati non sia dipeso da nuove convinzioni teologiche ma dal dal fatto che questi credenti non avessero ben capito la posta in gioco e che pertanto volessero semplicemente appropriarsi dei benefici di quella tradizione che non avevano conosciuto, quella giudaica. Per Paolo, però, la questione si faceva molto seria perché se cadeva quella sua esperienza così genuina di una comunità totalmente esterna al mondo ebraico e ciò nonostante così aderente alla fede in Cristo cadeva uno dei pilastri della sua tesi che andava annunciando e che a Gerusalemme aveva difeso. Da qui tutta la sua irritazione e dolore.

Il tema della lettera che abbiamo in parte letto non è che l'incipit della questione sulla giustificazione per fede che troveremo in altre lettere, ma soprattutto in quella Ai Romani, cosa che vedremo in un altro momento.

RIFLETTIAMO

Si può continuare chiedendoci se dopo questi momenti cruciali dell'esperienza di Paolo nei confronti delle resistenze ci si può chiedere se tutto fosse definitivamente chiarito. Invece non è proprio così. Le resistenze e i sospetti restavano ancora, soprattutto nella chiesa di Gerusalemme. Scrive Barbaglio:

" D'altra parte Giacomo, capo della chiesa gerosolimitana dopo la partenza di Pietro, doveva nutrire più di un dubbio sull'apostolo che proclamava Cristo venuto a mettere fine alla legge mosaica. Con probabilità non accettò la colletta portata da Paolo in persona. Lo si deduce dalla reticenza in proposito dell'autore degli Atti, che invece sottolinea come questi abbia condisceso, dietro suggerimento di quello, a compiere un gesto esemplare di osservanza della legge mosaica, per smentire quanti andavano dicendo che fosse un nemico della religione mosaica. Non mancano studiosi che individuano proprio in Giacomo un avversario di Paolo" (Barbaglio p.279 Per il resto si veda il capitolo 21 degli Atti)

Il capitolo 21 è un capitolo molto importante per comprendere tutte le resistenze che ancora albergavano nella stessa chiesa di Gerusalemme. Paolo ritorna da una lunga missione e porta con sé la colletta delle sue chiese del mondo greco. Incontra le diverse comunità sulla via del ritorno e tutte lo salutano con calore e nel contempo lo invitano a non salire a Gerusalemme perché sanno che i giudei sono furenti per tutto quello che paolo andava predicando contro la necessità della legge mosaica. Ma probabilmente non era solo la questione dei giudei non convertiti al cristianesimo. Forti resistenze c'erano pure in tanti cristiani. La prova l'abbiamo dal fatto che Paolo fatica a far accettare il frutto della colletta e, come ha precisato barbaglio, si sottopone a un rito di sapore tradizionale. Ma ci sono anche le raccomandazioni che gli vengono comunicate che lasciano capire bene la situazione in cui versa Paolo. Ecco cosa dice il biografo degli Atti:

" Il giorno appresso Paolo rese con noi una visita a Giacomo, presenti tutti i presbiteri. Paolo li salutò ed espose particolareggiatamente quel che Dio aveva operato tra i pagani per suo ministero. Essi, udito che l'ebbero, lodarono Dio, poi gli risposero: Fratello, tu osservi quante miriadi di convertiti vi siano tra i Giudei, e tutti fortemente attaccati alla legge. Ora essi sono stati informati che tu vai insegnando la defezione di Mosè a tutti i Giudei della diaspora, dicendo loro di non circoncidere più i figli e di non uniformarsi più alle costumanze. Che fare in merito? Si verrà per forza a sapere che tu sei arrivato. Perciò fa quanto ti suggeriamo: noi abbiamo quattro uomini astretti a un voto; tu prendili, fatti nazireo con loro e paga per loro perché si facciano radere la testa. Così tutti sapranno che le informazioni sul tuo conto sono false e che invece anche tu cammini nell'osservanza della legge...

Allora Paolo prese i quattro e il giorno appresso si fece nazireo e con loro entrò nel tempio per notificare la scadenza del nazireato, finché poi furono offerti per ciascuno di loro i sacrifici"(Atti, 21,18-26)

COMMENTO

Il racconto parla da se e se Paolo, dopo tutto quello che aveva predicato e fatto deve scendere a un tale compromesso ci dice che la situazione era veramente drammatica. Infatti in quell'occasione e nonostante il gesto di compromesso da lui compiuto, Paolo verrà arrestato e inizierà il suo ultimo viaggio verso quella Roma che ancora non aveva visitato, ma in catene.

IV° COME PENSARE LA PARUASIA

IL PROBLEMA NELLA LETTERA AI TESSALONICESI

Cominciamo dalla prima lettera ai Tessalonicesi. Vediamo come e perché sorge il problema e come Paolo cerca di offrire quelle risposte che, poi, avrà modo di riprendere ed approfondire. Prima di addentrarci nell'argomento parliamo dei Tessalonicesi e dei motivi dell'intervento di Paolo.

Tessalonica fa parte della grande regione della Macedonia, già terra del grande Alessandro Magno, che nel 168 a. C. perdette la sua autonomia e indipendenza e divenne terra conquistata dai Romani, che in seguito la costituirono come provincia governata da un proconsole. Tessalonica era la metropoli di questa grande provincia, data la sua importanza da un punto di vista geografico, come porto strategico di quelle terre ai confini dell'Impero. La sua struttura politica si basava sulle tradizioni greche e che il nuovo padrone, Roma appunto, aveva sostanzialmente conservato. C'era una assemblea dei cittadini (demos), un consiglio senatoriale (Boulé) , un ristretto numero di magistrati eletti annualmente dal popolo. Di questa struttura abbiamo evidenti conferme dagli Atti degli Apostoli. Scrive Barbaglio nell'introduzione alla sua versione di questa lettera: " Schiavi e lavoratori portuali, commercianti e professionisti formavano i ceti sociali della popolazione. Vi si aggiunga la significativa presenza di un diaspora giudaica, che si riuniva nella locale sinagoga, come testimoniano gli Atti degli apostoli nel cap.17.

Paolo giunge a Tessalonica durante il secondo viaggio e in fuga da Filippi, una cittadina non molto distante, accompagnato da Silvano e Timoteo, come confermano gli Atti al capitolo 17

Qui Paolo non si ferma molto, solo poche settimane nell'anno 49/50. Come era suo solito si incontra in primo luogo nella sinagoga ottenendo una adesione veramente soddisfacente, ma trovò anche una disponibilità di ascolto da parte dei pagani. Ricordiamo che tutta la Grecia aveva culti pagani che provenivano da lontane regioni, anche dall'Egitto. Proprio per questo Paolo e gli altri missionari riescono in poco tempo fondare una comunità mista: giudei e pagani. Proprio come desiderava Paolo.

Ma sorge subito una reazione violenta da parte dei Giudei intransigenti che costringono Paolo di fuggire. Ripara nella città di Berea, non molto distante. Ma è inseguito anche là dagli stessi nemici Giudei e così, parte alla volta di Atene e poi a Corinto, tappe che sulle quali non ci soffermiamo, ma che sappiamo essere state estremamente importanti.

LE PREOCCUPAZIONI DI PAOLO PER LA COMUNITA' DI TESSALONICA

La comunità aveva dato prova di una generosità piena, ma il tempo della fondazione è stato troppo breve e le insidie , oltre che le ostilità, erano un cruccio per Paolo. Ecco che da Atene invia Timoteo per rendersi conto della situazione e per raccogliere le difficoltà espresse dalla comunità. Timoteo ritorna portando notizie confortanti ma anche, probabilmente, delle questioni che la comunità gli ha consegnato, alle quali Paolo si premura di rispondere. Da qui questa prima lettera ai Tessalonicesi. Ascoltiamo un passo della lettera dove Paolo motiva le ragioni del suo scritto:

"Perciò non potendo più resistere, preferimmo restare ad Atene e mandammo Timoteo, nostro fratello e collaboratore di Dio nell'annuncio del vangelo di Cristo. Doveva fortificarvi e incoraggiarvi nella vostra fede, perché nessuno vacillasse nelle presenti avversità Voi stessi lo sapete bene, è questa la nostra sorte..

Ora però Timoteo, dopo avervi lasciato, ha fatto ritorno da noi portandoci buone notizie della fede e dell'amore vostro e che di noi avete sempre un buon ricordo, desiderosi di rivederci come noi desideriamo di rivedere voi. Per questo, fratelli, in tutte le nostre angustie e avversità, in voi siamo stati confortati grazie alla vostra fede"(Prima Ts. 3,1-8)

Nella lettera si insiste sull'insegnamento impartito nei suoi contenuti essenziali e sulla necessità dell'amore fraterno, cosa che Timoteo lo ha assicurato. Per il resto la lettera non presenta novità di sostanza se non il tema del ritorno del Signore.

LA PARUSIA

Il tema è fondamentale e per Paolo il ritorno di Cristo è un tutt'uno con il messaggio dell'annuncio del Cristo morto e risorto. Fin dall'inizio della lettera Paolo ricorda come i Tessalonicesi si sono prontamente convertiti a Dio "abbandonando le divinità idolatriche, per rendere culto al Dio vivo e vero e attendere dai cieli il suo figlio, che egli risuscitò dal regno dei morti, Gesù, lui che ci libererà dall'ira ventura". Ma è nell'ultimo capitolo, il quarto, nel quale ritorna su questo tema nel tentativo di rispondere a due questioni: a) Il ritorno di Cristo e il rapporto tra i vivi e quelli che sono già morti; b) quando si concretizzerà questo evento. Leggiamo il brano in questione.

"Non vogliamo poi, fratelli, lasciarvi nell'ignoranza circa i morti, perché non restiate tristi come gli altri che non hanno speranza. Se infatti crediamo che Gesù morì e risorse, così Dio per mezzo di Gesù condurrà assieme con lui anche quelli che si sono assopiti nella morte. Questo vi diciamo sulla parola del Signore: noi, i vivi, i superstiti fino alla venuta del Signore, non saremo avvantaggiati rispetto a quelli assopiti nella morte. Perché lui stesso, il Signore a un ordine dato, alla voce dell'arcangelo e allo squillo della tromba di Dio, discenderà dal cielo; allora prima risorgeranno i morti in Cristo, poi noi, i vivi, i superstiti, insieme con loro saremo rapiti sulle nubi incontro a Cristo nell'aria. E così saremo sempre con il Signore. Perciò confortatevi l'un l'altro con queste parole.

Circa la data, fratelli, non avete bisogno che vi scriva. Voi stessi lo sapete perfettamente: Il giorno del Signore verrà come un ladro di notte. Quando diranno "pace e sicurezza" proprio allora improvvisa sopraggiungerà su di loro la rovina, come le doglie sulla donna incinta e non potranno sfuggirvi"(I Ts 4,13-18 e c.5,1-33)

COMMENTO

Di più ,qui ,non dice. Su questo argomento Paolo ritorna anche nella sua seconda lettera ai Tessalonicesi. Il motivo è chiaro: molti cristiani si sono illusi che la venuta di Cristo sarebbe imminente e come conseguenza si abbandonavano ad una attesa infruttuosa. Ecco allora le sue parole:

Ora vi preghiamo, o fratelli, per quanto riguarda la venuta del nostro Signore Gesù Cristo e il nostro adunarci con lui, di non lasciarvi così presto turbare di animo o allarmare per qualche rivelazione, qualche detto o qualche lettera a noi attribuiti, che presenterebbero come imminente il giorno del Signore. Che nessuno vi illuda in alcun modo.

E' necessario che prima si verifichi l'apostasia, si manifesti l'iniquo, il dannato, l'avversario, colui che si esalti al di sopra di tutto ciò che porta il nome di Dio o è oggetto di culto, fino a insediarsi nel tempio di Dio e a proclamarsi Dio.(2 Ts.2-1-4)

Da questi testi, ma potremmo citarne altri, si deduce che Paolo pensava che il ritorno di Cristo era imminente, ma non tale da abbandonarci all'inerzia, anzi l'impegno si doveva fare sempre più preciso. Ma quando il ritorno? Qui il pensiero di Paolo muta con il tempo. Quando si convince che anche lui deve mettere in conto la sua fine , anche per le opposizioni sempre più prepotenti contro di lui, si convince che anche lui dovrà attendere la risurrezione e l'evento finale da morto. Ma con una certezza: lui comunque sarà con il suo Cristo. Morto o vivo al ritorno di Cristo egli sarà sempre con lui. Ma col passare degli anni e avvicinandosi la probabile sua fine prima che Cristo ritorni nella sua gloria diventa un problema quella sua precedente certezza dell'imminente suo ritorno. In lui resta la certezza che il credente partecipa con la sua fede alla risurrezione di Cristo. Sul come e quando non ha risposte se non quelle vaghe che già gli scritti apocalittici in possesso nella tradizione farisaica aveva ben presenti. E qui emerge come in tante altre occasioni la sua cultura farisaica. Questo non deve meravigliare perché un autore di un testo sacro cerca di affrontare le difficoltà di certi contenuti della stessa rivelazione e le sue stesse intuizioni utilizzando quegli schemi mentali da cui proviene. A conferma di queste nostre considerazioni vogliamo riportare una acuta osservazione di un grande esegeta, quale fu Bonsirven, autore di un'opera ormai datata ma certamente molto preziosa. La sua opera più nota è : " Il Vangelo di Paolo. Citiamo una sola affermazione:

"E' pacifico che, in materia escatologica, Paolo conserva nell'insieme le sue credenze farisaiche, salvo trasfigurarle mediante l'intervento supremo di Cristo. Ora percorrendo a questo proposito l'antica letteratura ebraica, arriviamo alle seguenti conclusioni: negli ambienti farisaici si pensava che subito dopo la morte, i giusti fossero riuniti in un luogo speciale, situato nell'Eden o nel Paradiso presso Dio; lì con i santi essi avrebbero goduto di uno stato simile a quello che seguirà alla resurrezione".(Bonsirven, o.c. p333)

Possiamo dire che quando Paolo parla della situazione che verrà dopo la morte è nebuloso, ma con alcune certezze che enuncia in modo chiaro nella sua prima lettera ai Corinti. Le incertezze restano perché legate alla sua cultura, come ancora il Bonsirven precisa:" A ciò che segue immediatamente la morte allude tutto il paragrafo(che noi citeremo fra poco). Su questo punto Paolo, come noi, possiede una certezza incoraggiante, ma ignora quasi del tutto di questo stato".(Bonsirven o.c. p.336)

Soffermiamoci ora sulla sua certezza che lui enuncia con chiarezza anche se non riesce ancora a cogliere la totale verità. Siamo al testo della prima ai Corinti, che analizzeremo con cura perché rappresenta una pagina fondamentale per capire il suo pensiero su questo tema.

PRIMA LETTERA AI CORINTI 15,1-11

Il capitolo 15 è molto importante per il discorso che stiamo facendo. Paolo è venuto a sapere che alcuni cristiani non credono alla risurrezione dei morti. Per confutare tale credenza imposta tutto il suo ragionamento partendo dal fatto della risurrezione di Cristo. La prima parte del capitolo richiama la verità documentata e certa : Cristo è morto e risorto, ma Cristo è risorto non solo per se Stesso ma in quanto primizia dei risorti.

" Ora se si annuncia che Cristo fu risuscitato dai morti, come possono dire alcuni tra voi che non c'è risurrezione dei morti? Se non c'è risurrezione dei morti, neppure Cristo fu risuscitato. Ma se Cristo non fu risuscitato, allora inefficace è il nostro annuncio, inefficace anche la nostra fede; e noi ci troviamo pure a essere falsi testimoni di Dio, avendo testimoniato contro Dio di aver risuscitato Cristo, mentre non lo risuscitò nell'ipotesi che i morti non risorgono. Se in effetti i morti non risorgono, neppure Cristo fu risuscitato. Ma se Cristo non fu risuscitato, vana è la vostra fede, siete ancora nei vostri peccati. Allora anche quelli che sono morti in Cristo sono perduti. Se in questa vita soltanto abbiamo sperato in Cristo, siamo i più miserabili di tutti gli uomini.

E invece Cristo fu risuscitato dai morti, primizia di quelli che sono morti

Ma dirà qualcuno: come sono i risuscitati i morti e con quale corpo vengono? Stolto che sei, ciò che semini viene vivificato solo se prima è morto. Cioè quanto a ciò che semini, non è il corpo che sarà che tu semini, bensì un nudo chicco, supponiamo di grano o di qualche altro genere. Ma Dio gli dà un corpo come ha voluto, e a ciascun seme il suo proprio corpo. Non ogni carne è la stessa carne, bensì altra è quella degli uomini, altra la carne degli animali, altra ancora degli uccelli e altra quella dei pesci. Vi sono poi corpi celesti e corpi terrestri, ma altro è lo splendore di quelli celesti e altro quello dei terrestri Altro è lo splendore del sole e altro lo splendore della luna, altro lo splendore delle stelle. Così anche la risurrezione dei morti: seminato nella corruttibilità, viene risuscitato nell'incorruttibilità; seminato nel disonore, viene risuscitato nell'onore; seminato nella debolezza, viene risuscitato nella forza; seminato un corpo psichico, viene risuscitato un corpo spirituale. Se c'è un corpo psichico, c'è anche un corpo spirituale...

Ecco vi svelo un mistero: non tutti morremo, tutti però saremo trasformati in un istante, in un batter d'occhio, al suono dell'ultima tromba: suonerà infatti la tromba, e i morti verranno risuscitati incorruttibili e noi saremo trasformati" (1 Corinti, 15 ss).

COMMENTO

Paolo è certo di una cosa : saremo con il Cristo e come il Cristo. Il come e il quando cambia continuamente anche in lui perché non sa di preciso né il quando né il come. In molti casi quando entra nei particolari si rifà alle apocalissi in voga, già presenti nei testi sacri. Almeno in certi testi, dell'Antico testamento, ma anche nei testi del Nuovo Testamento. Dobbiamo quindi fare una netta distinzione tra ciò che è la grande intuizione di Paolo e i tentativi di offrire delle spiegazioni. Là dove tenta di entrare nei particolari resta molto vago. Del resto anche nei Vangeli, quando si parla del ritorno di Cristo nella certezza dell'evento c'è una radicale incapacità di andare oltre a certe espressioni apocalittiche in voga.

Sul quando e il come resteranno dei problemi che la teologia e soprattutto le credenze dei cristiani hanno continuamente cercato di risolvere con varie ipotesi, senza per ora trovare una soluzione convincente.

Lo stesso grande biblista Bonsirven, che abbiamo già incontrato precedentemente, un autore certo datato, ma che resta un punto fermo della teologia di san paolo, nel suo libro, "

La teologia di Paolo", parlando di questi temi e citando come abbiamo fatto noi le affermazioni di Paolo, dice: Questi esempi esprimono, in concreto, verità che sono meno intelligibili in astratto. Il corpo risuscitato e il corpo sepolto sono lo stesso soggetto e tuttavia del tutto diversi; così il grano di frumento e la spiga nella quale esso si converte. Bisogna insistere sull'idea di differenza e sono evocati appunto i corpi più differenti fra loro, gli animali e gli astri. I termini sono appositamente scelti: da un lato la carne, cioè l'ordine naturale, si oppone a Dio; dall'altro l'attributo di Dio che meglio esprime la trascendenza sua e che gli astri che opportunamente rappresentano (Bonsirven pp.341-342)

Quello che dobbiamo comprendere è che il concetto della risurrezione, più che un ritorno alla corporeità precedente alla morte si deve pensare come il compimento della creazione che attraverso la morte di Cristo apre alla nuova creazione. Con la morte di Cristo, al momento della emissione del suo spirito, come sottolineano molto bene gli evangelisti, e soprattutto Matteo, ha inizio da subito la nuova creazione e ci introduce nella realtà definitiva, quella che era da sempre nella mente di Dio. E' proprio l'evangelista Matteo che nel sottolineare la morte di Gesù e dopo aver parlato della emissione del suo spirito aggiunge una cosa che potrebbe sembrare strana. Dice" Ed ecco che la cortina del tempio si squarciò da cima a fondo, in due parti; la terra tremò, le rocce si spaccarono, i sepolcri si aprirono e i corpi di molti santi che erano morti risuscitarono; e, uscendo dai sepolcri dopo la risurrezione di lui, entrarono nella città santa e apparvero a molti"(Mt.27,51-53).Non è il caso di ribadire che in queste annotazioni Matteo non vuole dire niente di storicamente documentabile, ma affermare, invece che con la morte e risurrezione di Cristo l'inizio della nuova realtà è definitivamente cominciata. San paolo dice le stesse cose, anche non ha bisogno di raccontare fatti straordinari. Del resto non ne ha bisogno perché la sua idea è chiara: Chi crede entra nel mistero della risurrezione e quindi i morti che hanno creduto sono nella sua risurrezione.

Paolo risponde alle questioni dell'aldilà pensando alla sua esperienza del Cristo risorto. Come abbiamo sopra ricordato egli ha sempre in mente quella sua esperienza del Cristo che gli si manifesta come il Vivente nella sua comunità. Tale esperienza fu così forte e possiamo anche aggiungere sempre viva che non avrà mai bisogno di parlare di apparizioni, e neppure sentirà il bisogno di avere prove di apparizioni. Per lui il Cristo è il vivente, ma la sua presenza è connotata dal suo nuovo modo di esistere nel mondo, perché è entrato nel seno del Padre e da lì agisce con la forza dello Spirito. Da questo suo modo di pensare non si pone il problema del luogo dove possa essere e della corporeità di Gesù dopo la risurrezione. Anche la sua corporeità è entrata nella nuova dimensione, tutta in Dio e da lì chiama tutti a raggiungerlo.

Su questa linea è l'interpretazione di Ratzinger Nel suo " Gesù di Nazareth:

"Gesù non è uno che sia ritornato nella normale vita biologica e che poi, secondo le leggi della biologia, debba un giorno nuovamente morire...

In base a tutte queste notizie bibliche, che cosa possiamo dire veramente sulla peculiare natura della risurrezione di Cristo? Essa è un evento dentro la storia che, tuttavia, infrange l'ambito della storia e va al di là di essa. Forse possiamo servirci di un linguaggio analogico, che sotto molti aspetti rimane inadeguato, ma può tuttavia aprire un accesso alla comprensione. Potremmo considerare la risurrezione quasi come una specie di radicale salto di qualità in cui si dischiude una nuova dimensione della vita, dell'essere uomini.

Anzi la stessa materia viene trasformata in un nuovo genere di realtà. L'uomo Gesù Appartiene ora proprio anche con lo stesso suo corpo totalmente alla sfera del divino e dell'eterno"(J.Ratzinger Gesù Di Nazareth, seconda parte, Libreria Vaticana, p.303)

V° L'INTERPRETAZIONE DELLE COMUNITA' CRISTIANE

1° Abbiamo sottolineato la grande intuizione di Paolo che coincide perfettamente anche con il pensiero del vangelo di san Giovanni. Di fatto, però, nella mente di Paolo c'era la convinzione che il tempo volgeva alla fine. Il ritorno di Cristo avrebbe posto fine alla storia e deciso definitivamente la sorte dell'umanità. Forse anche per questa forte convinzione Paolo ha fretta di raggiungere tutti gli angoli della terra abitata. Anche le comunità cristiane erano convinte dell'imminenza del ritorno di Cristo. Poi col passare degli anni il ritorno di Cristo viene rimandato per tempi futuri. Ma qui cominciano a nascere le più svariate ipotesi millenaristiche che non vogliamo seguire. In questa nuova incertezza c'era un problema che restava molto forte nella fede dei credenti: Nell'attesa del ritorno di Cristo dove stanno le anime dei morti? Il cristiano ha ricevuto dall'insegnamento di Gesù questa verità: i giusti sono in Dio, mentre i peccatori irriducibili sono nell'inferno, nella geenna, come dice il vangelo. Fermiamoci sulla situazione di chi è morto nella fede. San Paolo aveva detto che i credenti sono chiamati a partecipare della risurrezione di Cristo. Ma solo alla sua venuta come giudice della storia tutta oppure da subito? Le idee non sono chiare per il cristiano dei primi secoli della sua storia, e, possiamo dire che ancora oggi le cose non sono del tutto chiarite. Nell'immediato si fa strada l'idea che i giusti morti nella fede sono in una felice attesa in una condizione di sonno beato aspettando il ritorno di Cristo. Cacitti nel suo libro Inchiesta sul Cristianesimo con Augias dà molta importanza alla iconografia delle catacombe dove i morti vengono rappresentati come il profeta Giona che dorme sotto una pianta di ricino dopo essere stato rigettato dal grosso pesce che lo aveva ingoiato, e così commenta: "Se Yahvè ha creato il mondo in sei giorni, e il settimo si è riposato, dal momento che un giorno di Dio vale mille anni, il mondo durerà seimila anni. L'ultimo millennio, quello del regno di Cristo, sarà il luogo del riposo per chi lo ha meritato. Ecco perché l'iconografia funebre paleocristiana insiste tanto su Giona/Cristo dormiente: il parallelo suggerisce la speranza per il credente- ma anzitutto per il martire- di ottenere in premio la cittadinanza del regno, il millennio del riposo"(Augias-Cacitti, Inchiesta sul Cristianesimo, Mondadori, p .162)

Come afferma molto bene il Cacitti, il culto dei morti nei primi cristiani assume i connotati dell'attesa nella luce della risurrezione di Cristo. Il problema che si fa strada nelle riflessioni teologiche è quello di capire come pensare questo riposo sabbatico dei morti. Insieme a questo problema bisognava affrontare anche quello inerente alla condizione di coloro che sono morti nel peccato mortale. La riflessione teologica doveva affrontare diversi argomenti per non lasciare il tutto nel vago . Certo, il credente sapeva che la morte dei giusti, come diceva san Paolo, entrava nella gloria della risurrezione di Cristo. Il problema era quello di chiarire se la partecipazione alla gloria di Cristo era da subito, come lasciava intendere l'insegnamento di Paolo, oppure si doveva aspettare la Parusia del Signore.

E poi si fa strada subito un altro problema: i condannati alle pene dell'inferno dovranno essere eterne oppure si può pensare che alla fine anche loro siano perdonati e salvati. Su questo argomento ricordiamo il pensiero di Origene.

ETERNITA' DELLA PENA PER I DANNATI?

E' questo un problema che si pone solo in un secondo momento nella riflessione teologica cristiana, quando, cioè la teologia ha fatto i conti con la cultura greca con la quale inizia un dialogo fruttuoso con l'apporto di personaggi di prima grandezza, tra cui, appunto Origene.

Origene vive ad Alessandria nel III° e IV° secolo, proviene da una formazione culturale di stampo platonico e più direttamente legato alla filosofia di Plotino, nel quale troviamo un po' di Platone, di Stoicismo, ampiamente utilizzati da quei cristiani intellettuali che sono i primi padri teologi della Chiesa. Origene è impegnato su molti temi delle verità cristiane sulle quali non possiamo soffermarci. C'è però un argomento particolare che Origene ha trattato e che qui vogliamo richiamare Si tratta dell'eternità dei dannati. Va, però, detto che il problema nel pensiero di Origene viene trattato all'interno di quella visione tipica del neoplatonismo di Plotino e dello stesso Stoicismo, sempre molto presente nell'area culturale dell'Ellenismo del terzo e quarto secolo. Secondo queste teorie variamente interpretate si parlava della creazione come espressione in continua evoluzione dall'Essere come fonte di tutto in un perenne susseguirsi di nascita e ritorno all'origine, in una visione ciclica dell'attività creativa di Dio. In questo contesto ad Origene si pone il problema se , una volta terminato il nostro ciclo, abbia ancora senso parlare di una permanenza nell'essere individuale dei dannati una volta che il ciclo cosmico nel quale sono vissuti è concluso. Come si potrebbe giustificare con la natura di Dio?

Su questo argomento la riflessione cristiana non ha mai avuto dubbi: I dannati non potevano partecipare alla salvezza ottenuta da Cristo. Ma chi sono i veri dannati? L'interrogativo lo troviamo già nei vangeli, dove troviamo la seguente affermazione:" Ogni peccato e bestemmia sarà perdonata agli uomini, ma la bestemmia contro lo spirito santo non sarà perdonata. A chiunque parlerà male del Figlio dell'Uomo sarà perdonato, ma la bestemmia contro lo Spirito non gli sarà perdonata, né in questo secolo né in quello futuro"(Matteo 12,31-32). Ma che cos'è il peccato contro lo Spirito Santo? Possiamo sintetizzare in modo forse semplicistico dicendo che la bestemmia contro lo Spirito Santo altro non è che la lucida avversione a quell'amore che Cristo ha testimoniato, che è l'essenza stessa di Dio. L'uomo che si pone in modo totale e radicale al di fuori dell'amore non può essere inserito nella vita di Dio, che è amore, come ribadisce continuamente la rivelazione e la riflessione apostolica. Su questa verità non ci ci possono essere fraintendimenti. Il punto semmai è quello di sapere se la condanna debba durare per l'eterno senza tempo, in una eternità che non conosce fine. Già dai primi secoli, con l'affermarsi della riflessione teologica dopo il primissimo periodo del cristianesimo, affiora qualche dubbio sull'eternità della pena. E i protagonisti di queste posizioni ardite dal punto di vista della tradizione non sono personaggi eretici, ma padri della chiesa, anche dalla stessa chiesa non riconosciuti in toto come fedeli interpreti della rivelazione. I protagonisti più famosi sono Clemente

Alessandrino, teologo e santo del III secolo e Origene suo discepolo e grande interprete della sacra scrittura. L'idea che avanzano è la seguente: Dio è creatore di tutto ciò che esiste, padrone assoluto di ogni essere esistente. Secondo la loro visione il mondo è certo espressione dell'attività creativa di Dio, m,a non esaurisce tutta la sua potenza creativa. Ecco perché il mondo e la sua storia sono pensati all'interno di uno dei tanti cicli dell'infinita attività creativa di Dio. Al termine del nostro attuale ciclo la nostra storia avrà termine ma niente si annullerà di ciò che vive e tutto sarà ricongiunto al suo Essere da cui tutto è partito. Anche i dannati? Anche i demoni che sono all'inferno? Secondo questi teologi, pur con grandi differenze tra loro, non è pensabile che qualche ente sia estraneo a questo ricongiungimento. Se questo fosse vero come possiamo affermare che Dio è l'Essere onnipotente? quando si compiranno i tempi previsti Dio porrà fine alla storia e in quel momento tutto dovrà ricongiungersi a Lui. Nulla deve essere pensato esistente al di fuori di Dio. Quindi tutto , attraverso Cristo, sarà reintegrato e ristabilito nell'eterna armonia dell'Essere da cui tutto ha avuto origine. E' la realizzazione della cosiddetta Apocatastasi. Certo, una teoria non accettata dalla Chiesa e soprattutto fortemente combattuta da san Agostino.

I DUBBI DI DANTE

Tutto rientrato nel seguito della riflessione teologica? Non proprio se pensiamo che nello stesso Dante troviamo ritornante la questione dell'eternità della pena come problema difficile da comprendere. Ricordiamo un solo passo tratto dal terzo canto dell'Inferno di questo grande poeta medievale:

Per me si va ne la città dolente,
per me si va ne l'eterno dolore,

per me si va tra la perduta gente;
Giustizia mosse il mio alto fattore;
fecemi la divina podestate,
la somma sapienza e il primo amore.
Dinanzi a me non fuor cose create
Se non etterne, e io etterno duro.
Lasciate ogni speranza, voi che entrate".
Queste parole di colore oscuro
Vid'io scritte al sommo di una porta;
per ch'io; " Maestro, il senso lor m'è duro". (Inferno, III 1-12)

Siamo all'ingresso dell'inferno e Dante accompagnato da Virgilio è colpito da questa scritta sulla porta dell'ingresso. In poche frasi Dante riassume tutta la teologia sul destino dei dannati. L'inferno è una condanna eterna voluta da Dio, e in particolare dalla sapienza di Dio, dal suo potere e. soprattutto dal suo amore. E qui l'intelligenza di Dante si trova in seria difficoltà nel dover conciliare in modo armonico queste tre caratteristiche. In parole povere la domanda è questa : come possiamo pensare che l'eternità di una condanna possa conciliarsi con l'amore di Dio. L'oscurità di cui parla e le domande rivolte a Virgilio sono precise, alle quali la sua guida non è in grado di offrire risposte con l'uso della ragione, per cui rimanda alla prossima guida che dante avrà in Paradiso. Come Beatrice risolverà i dubbi di Dante è un discorso complesso, che possiamo riassumere in modo semplicistico in questi termini. Dio crea l'uomo libero di aderire o meno al suo piano di vita. Quindi Dio non vuole la condanna, ma fedele alla sua sapienza e al suo amore verso l'uomo, accettando fino in fondo le conseguenze di questa libertà assegnata all'essere umano. Se vogliamo la perdizione della sua creatura in qualche modo è una sconfitta dello stesso Dio, ma che va accettata come atto d'amore. Per il pellegrino Dante è tremendamente difficile capire che l'inferno debba essere pensato come frutto dell'amore di Dio. Questa era la fede che il nostro autore aveva appreso dalla teologia del suo tempo. Una posizione certamente ardita, ma che sola poteva rispondere alle teorie di Origene e degli altri autori del suo tempo che abbiamo ricordato sopra. Tutto chiaro? Non tutto poteva essere convincente al pellegrino che voleva risposte che potessero soddisfare la curiosità dell'intelletto, ma, e lo ribadirà in più occasioni, non tutto poteva essere compreso fino in fondo perché restava il grande mistero di una realtà impossibile da dire.

ANCHE LE ANIME HANNO UN CORPO?

1°Sappiamo come per il pensiero greco e in particolare per Platone la morte segna la liberazione delle anime dal corpo, per cui esse, se vivono, come pensano più o meno tutti non hanno corpo e quindi non si può parlare di pene o di felicità nel senso corporeo. Certo restava per l'antico pensiero e per tutta la cultura antica molta confusione. Anche nell'aldilà si pensava che si potessero avere sentimenti e si potesse provare gioia o tristezza per tanti motivi che non vogliamo qui riassumere, ma tutto era incerto e confuso. Solo Platone, come abbiamo ricordato all'inizio di questo capitolo, si spinge a immaginare una felicità piena per le anime dei giusti perché degne di ricongiungersi con il Sommo Bene da cui tutte sono nate.

Il contributo della fede cristiana su questo punto è stata di enorme importanza. L'uomo è chiamato alla fede per poter partecipare alla felicità, attraverso i meriti della morte e risurrezione di Cristo, che sarà piena, anima e corpo. La morte viene vista da sempre non come una frattura tra anima e corpo, ma come una chiamata alla partecipazione della vita stessa di Gesù. E' quanto abbiamo già ricordato parlando della intuizione fondamentale di san Paolo, che animò continuamente e fede e riflessione teologica. I punti che restavano non sufficientemente chiariti era questi: La condivisione con la risurrezione di Cristo doveva essere immediata o da collocare al ritorno di Cristo; in secondo luogo come pensare la corporeità dei morti nel tempo dell'attesa

La teologia alla quale si nutre il pensiero di Dante aveva elaborato una sintesi eccezionale, che possiamo così precisare e riassumere. Con la morte l'individuo entra nella realtà definitiva. Il tempo della salvezza si conclude con l'ultimo atto della volontà libera. Oltre questa soglia non è più possibile compiere un atto pienamente libero, quindi non si può più cambiare l'impostazione fondamentale della nostra esistenza. Con la morte, secondo la teologia che troviamo nella Divina Commedia di Dante, ha fine la possibilità di aderire liberamente al piano di salvezza attuato da Dio con la vita di Cristo. L'uomo che ha palesemente e coscientemente rifiutato Cristo e che vuol dire rifiutato pienamente l'amore e Dio, che è amore, resta fuori dalla vita di Dio e viene collocato nell'inferno, chiuso definitivamente nel suo peccato. Per Dante la pena dei dannati è data dalla legge del cosiddetto contrappasso, che altro non è se non l'essere eternamente fissati nelle nostre scelte definitive. Per la teologia a cui fa riferimento Dante, che è quella elaborata dai grandi teologi del suo tempo, in particolare Tommaso d'Aquino, non ci può essere l'Apocatastasi di cui aveva parlato Origine, anche se restavano dei dubbi dal punto di vista intellettuale come abbiamo ricordato.

Una cosa importante per il pensiero della teologia medievale è data dal permanere della corporeità dei morti. Per Dante la morte ci libera dalla corpo fisico nel quale ognuno dei viventi vive, ma non dalla corporeità, per cui sia il dannato sia chi si trova nel Purgatorio o in Paradiso, soffre o gode anche corporalmente. In questo c'è una netta differenza dal pensiero di Platone che considerava la morte una liberazione dalla prigione del corpo. Per il cristiano, in linea con il pensiero biblico dell'Antico e Nuovo testamento, l'uomo è un essere inscindibile, fatto di anima e corpo, e tale deve restare. La teologia non ha mai abbandonato questo modo di concepire l'essere umano. Il difficile era ed è quello di comprendere come sia possibile dopo la morte, che coincide con la spogliazione della corporeità. Come sia stato risolto il problema nella teologia della scolastica lo troviamo lucidamente presentato da Dante in diverse occasioni nel suo viaggio dall'Inferno, al Purgatorio fino al Paradiso.

Già nell'Inferno Dante si pone il problema della sofferenza anche corporale dei dannati e come sarà la loro posizione dopo la risurrezione dei corpi, alla quale anche essi, pur essendo dannati parteciperanno. Alla venuta di Cristo alla fine della storia si ricomporrà totalmente la pienezza della natura umana. La posizione della teologia era dunque chiara dopo la grande sistemazione di Tommaso d'Aquino, ma c'è una domanda importante che Dante ha ben presente: come è possibile parlare di sofferenza o di gioia anche corporali. Troviamo in diversi punti della Divina Commedia affrontata la questione. Prendiamo come esemplare quanto viene spiegato nel canto XXV° del Purgatorio. Dante in compagnia dell'immancabile guida di Virgilio e del poeta latino Stazio che ha raggiunto proprio in quel momento la sua purificazione e che, per riconoscenza verso Virgilio che lo riconosce commosso e lo ringrazia per tutto quello che ha dato con la sua poesia, ha appena lasciato la cornice sesta dove ha visto come i golosi attuano la loro penitenza soffrendo la fame e diventando, così, sempre più magri.

LA SPIEGAZIONE DI STAZIO

All'inizio della settima cornice è il momento giusto per chiedere come è possibile che le persone possano soffrire la fame e diventare magri se non hanno il corpo.? La domanda viene posta da Dante alla sua guida Virgilio, ma questi non ha una risposta convincente e completa perché non conosce la teologia, perché non ha avuto la fortuna di aver la fede, ma c'è al loro fianco un'altra guida, Stazio al quale viene inoltrata la questione appena posta. Leggiamo le terzine che ci interessano tratte dal venticinquesimo canto del Purgatorio:

Allor sicuramente apr'ì la bocca
E cominciai: " Come si può far magro
Là dove l'uopo di nodrir non tocca?"

La domanda passa a Stazio perché Virgilio rappresenta la ragione, ma qui ci vuole anche la teologia che sola può completare la filosofia di Aristotele, che viene considerata la base da cui partire per avere una risposta piena e soddisfacente. Ecco come Stazio spiega la teoria della corporeità delle anime dopo la morte. La teoria è così riassumibile: tutto ciò che esiste è formato da una materia e da una forma. La diversità delle varie forme rende possibile la molteplicità degli esseri, da quelli inanimati a quelli animati fino all'essere umano. La forma che presiede la formazione dell'uomo è dato dall'intelletto attivo, che san Tommaso con Aristotele chiama anima spirituale. Secondo questa concezione rielaborata dalla teologia scolastica, il corpo non è soltanto abitacolo dell'anima, o peggio ancora carcere come pensava Platone, ma parte integrante dell'individuo nel suo formarsi attraverso la presenza continua dell'anima. Anima e corpo si integrano a vicenda e crescono insieme. Anche l'anima cresce, ma non perché si perfeziona liberandosi progressivamente dal corpo, ma è la stessa forma che muta e si perfeziona attraverso il corpo e l'individuo composto e maturato come materia e anima diventa un essere che non può separare i due elementi della sua composizione. Una congiunzione in continua evoluzione e in continuo conflitto: l'anima vorrebbe far senza del corpo e il corpo senza l'anima, ma non è possibile e là dove si opera una qualche scissione è la natura umana che ne soffre.

Neppure alla morte deve succedere un scissione E questo è il punto centrale della spiegazione offerta da Stazio. Ecco i versi che offrono la spiegazione:

Quando Làchesis non ha più lino,
solvesi da la carne, e in virtute
ne porta seco e l'umano e 'l divino:
l'altre potenze tutte quante mute;
memoria, intelligenza e volontade
in atto molto più che che prima agute.
Senza restarsi, per sé stessa cade
Mirabilmente a l'una de le rive;
quivi conosce prima le sue strade.

Tosto che loco lì la circunscrive,
la virtù formativa raggia intorno
così e quanto ne le membra vive.
E come l'aere, quand'è ben piorno,
per l'altrui raggio che, 'n sé si riflette,
di diversi color diventa addorno;
così l'aere vicin quivi si mette
e in quella forma ch'è in lui suggella
virtualmente l'alma che ristette;

e simigliante poi a la fiammella
che segue il foco la 'vunque si muta,
segue lo spirto sua forma novella.

Però che quindi ha poscia sua paruta,
è chiamata ombra; e quindi organa poi
ciascun sentire infino a la veduta.
Quindi parliamo e quindi ridiam noi;
quindi facciam le lacrime e' sospiri

che per lo monte aver sentiti puoi.

Secondo che ci affliggono i desiri
E li altri affetti, l'ombra si figura;
e quest'è la cagion di che tu miri".

L'originalità della interpretazione di Dante e della Scolastica sta proprio in questi versi, del resto ripresi in altri punti della Divina Commedia. La soluzione può non convincere, soprattutto tenendo presente il successivo contributo della scienza. Comunque ciò che è interessante è l'ipotesi che ci possa essere un altro tipo di materialità. Oggi la scienza potrebbe meglio parlare non tanto di una materialità eterea, bensì di una doppia faccia della materia e secondo questa teoria la stessa morte segnerebbe l'ingresso in quella realtà profonda e nascosta, ma sempre legata alla stessa materia. Su questa strada di interpretazione ci sembra essere anche l'interpretazione della risurrezione di Cristo data da Ratzinger e che noi abbiamo sopra richiamata

PERCHE' L'IDEA DEL PURGATORIO?

Come nasce l'idea del Purgatorio nel pensiero della teologia cristiana? Non è un problema di poco conto. A noi qui non interessa stabilire le ragioni storiche di questa invenzione nell'ambito del pensiero cristiano e che in Dante avrà un'importanza non secondaria, ma piuttosto capire quali siano state le ragioni antropologiche che hanno portato a questa nuova proposta della vita nell'aldilà.

Come abbiamo notato precedentemente un punto non chiaro per il pensiero dello stesso San Paolo e delle prime comunità cristiane riguardava la natura della permanenza dei morti in attesa del ritorno del Signore Gesù.

Il primo aspetto del problema era quello di stabilire se con la morte l'uomo doveva essere pensato in modo statico e definitivo. La teologia a cui si riferisce Dante, che è quella soprattutto di san Tommaso, parla di condanna irreversibile per il dannato, purché non abbia avuto anche nell'ultimo istante della sua vita un atto di pentimento, nel qual caso niente poteva muovere in modo diverso il giudizio di Dio. In modo diverso si pensava per il peccatore morto pentito. In questo caso non si poteva introdurlo immediatamente nel Paradiso, bisognava trovare una soluzione intermedia. Ecco allora spuntare l'idea del purgatorio come luogo della purificazione. Al di là della costruzione teologica che troviamo nella seconda cantica di Dante ,che resta una delle migliori costruzioni per tutti i tempi, ed anche , diciamo noi, poco conosciuta ed apprezzata, possiamo dire che ha un valore antropologico di eccezionale importanza. Con questa costruzione si imponeva l'idea che per l'individuo, non tutto era fissato con la sua morte. Il cammino della maturazione umana continuava anche dopo la morte, almeno per l'individuo pentito dei suoi errori i desideroso di portare a termine il nuovo percorso, diversamente rispetto al condannato, perché per costui nulla si poteva migliorare perché chiuso nel suo rifiuto totale. Così almeno secondo la teologia tomistica che troviamo condivisa da Dante. Con piena convinzione? La domanda è pertinente perché in più occasioni dante manifesta le difficoltà di accettare con l'uso della ragione un destino definitivo ed eterno per il condannato.

Un altro elemento molto importante presente nella sistemazione dantesca è offerto dalla vita dei beati che il poeta incontra nel suo viaggio attraverso i cieli e nella candida rosa. Tutti i beati ,ma anche tutti gli angeli, non sono inattivi e felici di una beatitudine lontana dalla vita del mondo umano. Dante trova un continuo flusso vitale che si nutre continuamente da Dio e che viene trasmesso sulla terra attraverso i vari cieli. Tutto è armonia e comunione di vita e di attività creativa. Anche questo è una novità rispetto alle varie indicazioni che erano circolate sia nel mondo greco latino sia nel mondo della primitiva cristianità. Pura invenzione oppure una intuizione densa di interessanti applicazioni, che vedremo fra poco.

ALCUNE CONCLUSIONI

Dopo questa rapida rassegna dei temi principali che abbiamo incontrato e che abbiamo brevemente discusso, vale la pena di tentare una rapida sintesi dei problemi che ancora ci possono interessare per vari motivi.

ETERNITA' DELLA PENA?

Come possiamo dimostrare che l'inferno debba essere una condanna eterna? Abbiamo visto che Origine in compagnia di altri scrittori del suo tempo, tra cui anche san Clemente alessandrino pensavano che l'inferno non poteva essere una condanna eterna. E questo per un principio teologico preciso: alla fine della storia tutto doveva riconciliarsi ed essere riunito in Dio attraverso Gesù. Quindi per un principio profondamente teologico che non poteva accettare che un qualche essere, anche angelico, come il diavolo, doveva essere escluso. Altrimenti come si poteva affermare l'onnipotenza di Dio su tutte le cose e su tutti gli esseri se qualcosa restava estraneo. Quindi parlava di apocatastasi della fine dei tempi, come fine di tutto e ricongiungimento di tutto nell'unico Dio da cui tutto è stato creato.

Qualche teologo per superare il concetto di eternità della pena per i dannati salvando l'idea del potere universale di Dio ha pensato che forse chi si è in modo definitivo e cosciente rifiutato dell'amore di Dio e del messaggio di salvezza di Gesù sia nell'impossibilità radicale di ritornare a

Dio. Quindi la soluzione più ragionevole sarebbe quella della nientificazione del proprio essere, come conseguenza del proprio rifiuto dell'Essere. Il ragionamento è semplice e logico: chi si è rifiutato nel modo più totale e convinto di ogni forma di amore, ha rotto ogni rapporto con l'Essere, con l'Essere Dio, ma anche con l'essere che è il profondo di ogni uomo. Da qui la conclusione non può che essere la negazione di ogni forma di essere, anche del suo essere. Da questo punto di vista il permanere in una esistenza potrebbe essere semplicemente una rivincita di Dio sul condannato, come se Dio avesse bisogno di tali manifestazioni di forza e di potenza. Ma un Dio così pensato non può essere il Dio dell'Amore, quale ci viene dalla Rivelazione. e in quanto tale non ha bisogno di manifestare un potere che sia di altro genere diverso dall'amore. E la persona umana che rifiuta Dio rifiuta lo stesso essere che altro non è se non l'amore della stessa natura dell'Essere divino. In conclusione, secondo questa teoria, la condanna naturale come conseguenza delle scelte compiute in vita non può essere una permanenza in un mondo immaginato dalle nostre costruzioni intellettuali, ma la negazione dell'appartenenza a quell'essere da cui l'uomo ha voluto separarsi.

In questo modo anche la posizione di Origine non può reggersi perché chi cade fuori dall'essere non può conoscere risurrezione. Tutto chiaro e convincente? E' difficile essere convincenti su temi che sfuggono alla nostra logica. Che ne sappiamo veramente di Dio, della sua natura, ma anche della stessa natura dell'uomo. E su questo punto possiamo dire ancora una cosa. E' vero che con la morte termina il tempo a nostra disposizione per accettare la proposta di vita di Dio e del suo amore, ma la morte può anche essere pensata come un discendere nella profondità del nostro essere. Ma la profondità del nostro essere si confonde con Dio stesso. E qui possiamo pensare che possa avvenire , o per lo meno avviare, l'incontro decisivo con Dio e con il suo e nostro essere. Una domanda: perché negare la possibilità che niente sia perduto anche per giuda traditore? In questo modo si potrebbe comprendere l'Apocatastasi di Origine non tanto come frutto della potenza di Dio, ma come termine di un cammino e di una conversione.

Certo che è difficile accettare una tale ipotesi, soprattutto pensando a certi peccati particolarmente orribili , ben presenti nella storia di tutti i tempi. E qui vale la pena di richiamare quanto ha scritto Dostoevskij nel grande romanzo I Fratelli Karamazov. In un toccante dialogo con il fratello monaco Aleksej, Ivan, l'intellettuale. che si è nutrito delle idee liberali e progressiste dell'Occidente, da dove è appena giunto afferma che non può accettare questo mondo dominato dalle ingiustizie e dalle sofferenze più strazianti, soprattutto dei bambini. Egli non crede che alla fine ci possa essere una finale e suprema armonia che riconcili questo mondo con Dio. Anzi, per questo intellettuale che ragiona secondo la logica umana dice che se ci sarà un giudizio finale egli si alzerà contro Dio che ha voluto un simile mondo dominato da tanto dolore innocente. Ivan esprime il giudizio umano della sofferenza e l'impossibilità di pensare una qualsiasi riconciliazione che abbracci tutti, buoni e cattivi: Naturalmente questo non è il pensiero di Dostoevskij, ma gli servirà per chiarire con forza la potenza del perdono come unica via per la salvezza dell'umanità e sostanza della piena felicità degli uomini e di Dio. E, questo, il tema dominante non solo di questo romanzo , ma di tutti gli altri suoi romanzi.

L'ATTIVISMO DEI BEATI VERSO TUTTO IL MONDO

San Paolo parla della risurrezione dei morti come condivisione con la risurrezione di Cristo, ma non specifica i contenuti di questa condivisione con la vita di Cristo. La domanda che si pose da sempre è quella di sapere come possa essere pensata la vita beata dei nostri morti. E' una vita beata sazia della piena contemplazione della vita di Dio, oppure dobbiamo pensarla felice certo ma non separata da tutto il mondo che hanno lasciato con la morte. Anche su questo tema la grande opera di Dante, che altro non è se non la traduzione poetica di un pensiero consolidato nel suo tempo, e non smentito nel seguito del cammino teologico. Abbiamo già messo in luce come anche dopo la morte il cammino di purificazione per coloro che sono morti nella grazia di Dio e non perfetti continua in un itinerario diversificato a seconda del singolo stato spirituale. Le anime che Dante incontra nel Purgatorio non solo sono impegnate in un duro cammino di purificazione, affrontato, però, con grande determinazione e gioia ma anche sempre in continuo contatto con il mondo, dal quale aspettano aiuto e preghiere, ma al quale offrono preghiere e suppliche. Il panorama che incontra Dante è totalmente diverso rispetto a quanto immaginato da una certa cultura cristiana dei primi secoli che voleva i morti buoni in placida attesa della risurrezione. Qui tutto è movimento e attività.

Ma la cosa più interessante da sottolineare è quanto il nostro Dante esperimenta quando sale attraverso i cieli e incontra le varie personalità con le quali si sofferma e narra con grande stupore la loro vita e i loro interessi. Tutti sono in continuo movimento e in continua azione in comunione con Dio e la Trinità tutta per influenzare positivamente il mondo. La cosa ancora più interessante la troviamo quando lascia il cosmo dei cieli con quello delle stelle fisse ed entra nella cosiddetta Candida rosa, che altro non è se non il Paradiso dei Beati. Anche qui tutto è movimento che va da Dio Uno e Trino per propagarsi all'interno tra loro ma anche verso i cieli che avvolgono la terra. Come a dire che tutti i beati partecipano continuamente all'azione creativa e all'azione di salvezza in atto e non ancora compiuta. Non possiamo dilungarci più di qualche accenno, ma almeno ci permettiamo almeno qualche brano che sottolinea questo aspetto.

In forma dunque di candida rosa
mi si mostrava la milizia santa
che nel suo sangue Cristo fece sposa;
Ma l'altra, che volando vede e canta
La gloria di colui che la'nmarora
E la bontà che la fece cotanta,
sì come schiera d'ape che s'infiora
una fiata e una si ritorna
là dove suo laboro s'insapora,
nel gran fior discendeva che s'addorna
di tante foglie, e quindi risaliva
là dove 'l suo amor sempre saggiorna. (Pr.XXXI,1-12)

Questa immagine potente descrive la prima impressione del pellegrino Dante nel momento in cui entra nel Paradiso vero e proprio. Tutto è movimento che parte da Dio da cui ogni persona santa riceve pienezza di vita e corre a portarla a tutti, senza delimitarsi alla vita del paradiso. E la dimostrazione di questo estendersi dell'interesse e influsso in tutto il cosmo fino alle vicende della terra Dante lo ha sperimentato e cantato nel suo viaggio simbolico attraverso la salita dei vari cieli. Dopo aver attraversato l'ultimo cielo, quello delle stelle fisse Dante con Beatrice entra nell'altro cosmo, speculare a quello appena attraversato ma non separato. I due cosmi si intrecciano in modo misterioso. La cosa sembrerebbe troppo estranea e inverosimile per l'uomo moderno. E invece questa sistemazione fantastica è ricuperata dalla scienza contemporanea. Sentiamo cosa dice a proposito Carlo Rovelli nel suo libro:" La Realtà non è come appare".

UNA INATTESA COINCIDENZA CON LA SCIENZA

Nel capitolo che tratta del concetto di Cosmo ipotizzato da Einstein che parla di"Una Tre-sfera" fa questo interessante riferimento con quanto troviamo nella cantica del Paradiso di Dante. Ecco cosa dice esattamente: *"Prima di chiudere questo capitolo, c'è un'altra osservazione che voglio fare riguardo all'idea di Einstein che l'Universo sia una tre-sfera. Per quanto incredibile possa sembrare, la stessa idea era già stata concepita da un altro genio in tutt'altro universo culturale: Dante Alighieri. Nel Paradiso, Dante ci offre la grandiosa visione del mondo medievale, ricalcata sul mondo di Aristotele, con la terra sferica al centro, circondata dalle sfere celesti.*
Dante risale queste sfere, insieme a Beatrice, nel suo fantastico viaggio visionario, fino alla sfera esterna. Quando vi arriva, contempla l'Universo sotto di lui, con i cieli che roteano e giù, in fondo, nel centro, la terra. Ma poi guarda ancora più in alto, e cosa vede? Vede un punto di luce circondato da immense sfere di angeli, cioè un'altra immensa palla che , parole sue, "circonda e insieme è circondata" dalla sfera del nostro Universo! Ecco i versi di Dante nel XXVII canto del Paradiso: ...questa altra parte dell'Universo d'un cerchio lui comprende, sì come questo li altri... Il punto di luce e le sfere di angeli circondano l'Universo e insieme sono circondati dall'Universo. E' Esattamente la descrizione di un tre-sfera".(C. Rovelli. O.c. pp. 85-87)
Nel seguito del capitolo Rovelli cerca di spiegare sia la coincidenza con le teorie più avanzate di Einstein e della scienza contemporanea e cerca anche di spiegare come una teoria così audace sia presente nel medioevo fatta propria da Dante tramite il grande maestro Brunetto Latini.
Abbiamo voluto riferire di questa coincidenza tra le teorie di uno scienziato moderno con le intuizioni di Dante non perché vogliamo avere conferme

dalla scienza, ma solo per dire una cosa più semplice. Quando affrontiamo certi temi dobbiamo riconoscere che ci troviamo di fronte a interrogativi che non trovano risposte , al massimo possiamo avere delle intuizioni, più o meno interessanti. La verità piena ci sfugge e ci resta solo ipotesi, che, però, non devono essere solo invenzioni fantasiose, ma ancorate a un dato rivelato, almeno nei contenuti essenziali. Ma anche la scienza non si trova in una situazione molto diversa quando si inoltra sulla conoscenza piena del cosmo e della realtà. Anch'essa può azzardare solo ipotesi, mai definitive. Come dire che la realtà è tutta oltre le nostre ipotesi, che altro non testimoniano del grande mistero che ci avvolge.

LA FELICITA' DEI BEATI E LA RISURREZIONE DELLA CARNE

Dante vede e contempla la felicità di tutti i beati sia lungo il suo simbolico percorso attraverso i cieli sia entrato nella Candida Rosa. Esperimenta la comunione di questi con la Trinità Beata da cui ricevono in continuazione e trasmettono a tutti e a tutto il mondo. Una felicità senza ombre al punto che ritorna un dubbio pressante di lui: Come è possibile una gioia anche corporea, di tutto l'essere della persona se non c'è ancora la risurrezione dei corpi? O meglio, Dante si chiede come i corpi potranno sostenere una lucentezza e uno splendore così potente che crede impossibile alle forze corporee, perché le possibilità corporee sono profondamente limitate, almeno secondo le teorie a cui egli fa continuamente riferimento. La risposta , una prima risposta , è offerta dall'intervento di Salomone, il beato che Dante trova con tanti altri nel quarto cielo.

" Come la carne gloriosa e santa

Fia rivestita, la nostra persona
Più grata fia per esser tutta quanta;
per che s'accrescerà ciò che ne dona
di gratuito lume il sommo bene,
lume ch'a lui veder ne condiziona;
onde la la vision crescer convene,
crescer l'ardor che di quella s'accende,
crescer lo raggio che da esso vene.

Dante pensa alla verità della risurrezione anche se i beati non sono disgiunti dalla corporeità totalmente altra rispetto alla corporeità lasciata con la morte. La soluzione che trova, che ha trovato nella teologia non solo di san Tommaso, ma di tutta la scolastica, compreso soprattutto san Bonaventura, che tratta in più occasione della trasformazione della carne al momento della risurrezione.

La domanda che ci possiamo fare è questa: se, come dice san Paolo, con la morte siamo entrati nella dimensione del Cristo risorto e nella dimensione "altra", ma non del tutto estranea al concetto di materia che possiamo trovare riconosciuta anche dalla stessa scienza, ha ancora senso parlare della risurrezione dei corpi? Forse dobbiamo abituarci a pensare che la risurrezione dei corpi non debba significare un materiale ricupero dei corpi della nostra prima esistenza. Essi fanno parte di quel rivestimento che ci ha accompagnato e costruito, ma che non tornerà e non deve tornare, perché ciò che resta l'altra faccia di quella corporeità di cui siamo composti. Essa è destinata alla vita eterna, ed essa soltanto attraverso la fede può condividere da subito della gloria di Cristo risorto. Se noi pensiamo alla risurrezione dei corpi secondo la tradizione non necessariamente dobbiamo credere che ci sia un ricupero di quel corpo che abbiamo lasciato e se è vera, come è vera, l'affermazione di Paolo che ci dice che i morti, almeno quelli credenti, siano già in Cristo risorto, forse dobbiamo concludere con diversi teologi che l'evento ipotizzato come risurrezione sia un evento che non conosce la successione del tempo come lo ipotizziamo all'interno di categorie temporali alle quali siamo profondamente legati. I morti, se hanno raggiunto quella purezza di umanità richiesta sono pienamente in Dio. Anche dante era di questo parere, anche per lui restava la convinzione che ancora l'evento che ricongiungesse pienamente anima e corpo non fosse completo. Forse è difficile prendere una posizione su questo tema. non solo perché la teologia ha ancora molto da scoprire e da approfondire, ma anche perché siamo chiamati a dire delle cose che fanno parte di quella realtà che esula dai nostri schemi e dalle nostre possibilità.

LA POVERTA' DEL LINGUAGGIO E IL MITO DELLA CAVERNA

Il problema è che l'uomo non si rassegna di non conoscere e di non essere in grado di dire il mondo dell'aldilà.

Su questo siamo nella situazione descritta da Platone nel mito della Caverna, che vogliamo richiamare qui come conclusione del nostro discorso. Questo mito lo troviamo nella sua grande opera La Repubblica. Diciamo in sintesi il contenuto del mito. Immaginiamo che alcuni uomini vivano in una abitazione sotterranea, in una caverna che abbia l'ingresso aperto verso la luce per tutta la sua larghezza. Questi uomini immaginati sono legati alle gambe e al collo in modo che non possano girarsi. Da questa posizione che cosa vedono della realtà che circola al di fuori della caverna? Solo ombre vaghe e incerte. Non vedono né il sole che illumina quella vita né riescono ascoltare le voci che da lassù giungono confusamente e senza senso alle loro orecchie. Il mito continua dicendo che se uno di loro avesse la fortuna di essere tratto fuori da quell'ambiente al suo arrivo in superficie resterebbe sconcertato per tutto ciò che contempla e con grande fatica si abituerebbe alla nuova realtà. Ma se a lui toccasse in seguito di ridiscendere nella caverna a raccontare ai suoi compagni quanto ha visto e le cose come le ha viste, verrebbe trattato come un pazzo. Riportiamo alcuni passaggi del racconto che troviamo nella famosa opera di Platone. Ecco il racconto con le stesse parole del testo.

"Dopo questo, dissi, paragona a una condizione di questo genere la nostra natura rispetto alla nostra educazione spirituale e alla mancanza di educazione. Immagina di vedere degli uomini rinchiusi in una abitazione sotterranea in forma di caverna che abbia l'ingresso alto verso la luce con un'ampiezza che si estenda per tutta la caverna medesima; inoltre che si trovino qui fin da fanciulli con le gambe e con il collo in catene in maniera da dover star fermi e guardare solamente davanti a sé, incapaci di di volgere intorno la testa a causa delle catene, e che, dietro di loro e più lontano, arda una luce di fuoco; e, infine, che fra il fuoco e i prigionieri ci sia, in alto, una strada, lungo la quale immagina di vedere costruito un muricciolo, come quella cortina che i giocatori pongono tra sé e gli spettatori, sopra la quale fanno i loro spettacoli di burattini....

Parli di cosa ben strana, disse, e di ben strani prigionieri.

Sono simili a noi, dissi. Infatti, credi innanzitutto che vedano di sé e degli altri qualcos'altro, tranne che le ombre che il fuoco proietta sulla parete della caverna che sta di fronte a loro?"

E dopo aver descritto le illusioni di avere la conoscenza vera attraverso la lettura delle ombre proiettate sulla parete e la fatica di chi avesse avuto la fortuna di uscire da quella caverna, verso la luce del sole, l'abbaglio provato nel vedere le cose di lassù, e la luce del sole e, sempre come ipotesi, scendesse di nuovo nella caverna, così continua il racconto:

E se dovesse di nuovo tornare a conoscere quelle ombre, gareggiando con quelli che sono rimasti sempre prigionieri, fino a quando rimanesse con la vista offuscata e prima che i suoi occhi ritornassero allo stato normale, e questo tempo dell'adattamento non fosse affatto breve, non farebbe forse ridere, e non si direbbe di lui che, per essere salito sopra, ne è disceso con gli occhi guasti, e che non mette conto di cercare di salire lassù? E se cercasse di scioglierli e di portarli su, se mai potessero afferrarlo nelle loro mani, non lo ucciderebbero? Certamente, disse.(Da: La repubblica di Platone tradotta da Reale in Storia della filosofia Bompiani, ed. speciale per il Corriere della sera, 2008, pp. 460-461)

La consapevolezza di essere come in una caverna non va letta come se fosse una situazione disperata, perché nella caverna della nostra esistenza ci sono segnali da cogliere e da sfruttare. Certo che se questa consapevolezza non viene riconosciuta e accettata tutto diventa difficile e la stessa morte la peggiore sconfitta per l'uomo. Tutto diventa non senso. Lucrezio che abbiamo sopra ricordato aveva costruito la sua opera epica, De rerum Natura, con uno scopo ben preciso, quello di risolvere l'angoscia della morte che pesava su ogni essere umano. Egli diceva che era necessario risolvere questo problema perché se l'uomo non avesse trovato una risposta convincente l'evento della morte avrebbe pesato sugli uomini su tutta la loro esistenza. In altre parole era convinto che non si trattava di risolvere uno dei problemi dell'uomo, ma la globalità dei problemi. Illuminare e dare senso alla tappa finale della nostra esistenza significava, e doveva significare per Lucrezio, tutta l'esistenza umana.

Le soluzioni che prospetta non ci convincono, e l'abbiamo detto, ma la sua motivazione alla base del suo lavoro è condivisibile.

Detto tutto questo ci domandiamo se non sia urgente usare un nuovo linguaggio di fronte alla morte. Sappiamo che essa è un tema tanto dibattuta e cantata da poeti di ogni epoca e, normalmente, la sua visione che domina è quella di angoscia, di sconfitta. Passando in rassegna i poeti più importanti sembrerebbe che il nuovo della poesia debba essere ricercata nelle note più cupe. Non neghiamo che anche in queste descrizioni ci sia alta poesia, ma sarebbe altrettanto utile dare importanza

a quella poesia che sa parlare bene e in termini totalmente diversi della fine e della stessa morte.
A questo punto sarebbe bello raccogliere le voci intonate su questo tema e su questa diversa visione della morte. Gli autori non sono numerosi, ma ci sono. A conclusione ne vogliamo ricordare uno solo per tutti, Novalis, con una delle sue perle poetiche.

ANELITO DI MORTE

Laggiù nel grembo, lontano
Dai regni della luce, ci accolga
La terra! Furia di dolori e spinta
Selvaggia è segno di lieta partenza.
Dentro l'angusta barca è veloce
L'approdo alla riva del cielo.

Sia lodato da noi l'eterna notte,
Sia lodato il sonno eterno.
Ci ha riscaldati il torrido giorno,
Ci ha fatti avvizzire il lungo affanno.
Non ci attraggono più terre straniere,
Vogliamo tornare alla casa del Padre. (NOVALIS 1772-1801)

Printed by Books on Demand GmbH, Norderstedt / Germany